2022

中国法治建设
年度报告

（中英文）

中国法学会 编

中国长安出版传媒有限公司
中国长安出版社

图书在版编目（CIP）数据

中国法治建设年度报告. 2022 / 中国法学会编. —
北京：中国长安出版传媒有限公司，2023. 11
ISBN 978 - 7 - 5107 - 1119 - 0

Ⅰ. ①中… Ⅱ. ①中… Ⅲ. ①社会主义法治 - 建设 - 研究报告 - 中国 - 2022 Ⅳ. ①D920. 0

中国国家版本馆 CIP 数据核字（2023）第 190578 号

中国法治建设年度报告（2022）

中国法学会　编

出版发行　中国长安出版传媒有限公司 中国长安出版社
社　　址　北京市东城区北池子大街 14 号（100006）
网　　址　http://www. ccapress. com
邮　　箱　capress@ 163. com
责任编辑　刘英雪
发行电话　（010）66529988 - 1321
印　　刷　北京博海升彩色印刷有限公司
开　　本　787mm × 1092mm　16 开
印　　张　21. 75
字　　数　193 千字
版　　次　2023 年 11 月第 1 版
印　　次　2023 年 11 月第 1 次印刷

书　　号　ISBN 978 - 7 - 5107 - 1119 - 0
定　　价　98. 00元

前　言

2022年是党和国家历史上极为重要的一年。党的二十大胜利召开，描绘了全面建设社会主义现代化国家的宏伟蓝图。面对风高浪急的国际环境和艰巨繁重的国内改革发展稳定任务，以习近平同志为核心的党中央团结带领全国各族人民迎难而上，全面落实疫情要防住、经济要稳住、发展要安全的要求，加大宏观调控力度，实现了经济平稳运行、发展质量稳步提升、社会大局保持稳定，中国发展取得来之极为不易的新成就。

2022年也是中国法治建设历史进程中极为重要的一年。这一年，党的二十大对坚持全面依法治国、推进法治中国建设作出重要部署，全面开启法治中国新征程。这一年，现行宪法公布施行40周年，习近平总书记发表署名文章《谱写新时代中国宪法实践新篇章——纪念现行宪法公布施行40周年》，为全面贯彻实施宪法指明方向。这一年，中共中央、国务院发布《关于加快建设全国统一大市场的意见》，为建设高标准市场体系、构建高水平社会主义市场经济体制提供坚强支撑。这一年，全国人民代表大会进一步完善“爱国者治港”制度，维护香港特别行政区宪制秩序。这一年，中央全面依法治国委员会印发《关于进一步加强市县法治建设的意见》并启动相关督察工作，夯实全面依法治国基础，提升市县法治建设水平。这一年，中国新冠疫情防控政策作出重大优化调整，更好统筹疫情防控和经济社会发展。这一年，最高人民法院发布《关于适用〈中华人民共和国民法典〉总则编若干问题的解释》，指导各级人民法院贯彻实施好民法典，充分发挥总则编在民法典中统领全局的作用，依法保护民事主体的合法权益。这一年，最高人民检察院联合多部门制定《涉案企业合规建设、评估和审查办法（试行）》，协同推进涉案企业合规建设走深走实。这一年，司法部全面落实《全国公共法律服务体系建设规划（2021—2025年）》，推进完善公共法律服务体系建设。这一年，中国法官首次当选联合国上诉法庭和争议法庭法官，这是联合国上诉法庭和争议法庭自2009年设立以来，中国候选人首次当选。

2022年，中国法治建设取得的重大成就，根本在于有习近平总书记作为党中央的核心、全党的核心掌舵领航，根本在于有习近平新时代中国特色社会主义思想科学指引，是习近平法治思想光辉而又生动的实践。回顾2022年中国法治建设取得的成就和走过的历程，广大法学法律工作者必将更加坚信习近平法治思想的真理力量，必将更加坚信中国特色社会主义法治道路越走越宽广，必将更加坚信法治中国前景无限光明。

目　录

Contents

谱写新时代中国宪法实践新篇章

——纪念现行宪法公布施行40周年*

习近平

今年是我国现行宪法公布施行40周年。40年来，现行宪法有力推动和加强了社会主义法治建设，有力推动和保障了党和国家事业发展。我们要以纪念现行宪法公布施行40周年为契机，贯彻党的二十大精神，强化宪法意识，弘扬宪法精神，推动宪法实施，更好发挥宪法在治国理政中的重要作用，为全面建设社会主义现代化国家、全面推进中华民族伟大复兴提供坚实保障。

制定和实施宪法，是人类文明进步的标志，是人类社会走向现代化的重要支撑。近代以来，中国人民苦苦寻找改变中华民族前途命运的道路。一些政治势力试图按照西方政治制度模式对我国封建专制制度进行改良，

* 这是习近平总书记在现行宪法公布施行40周年之际发表的署名文章。来源：新华社，2022年12月19日。

都宣告失败。中国共产党登上中国历史舞台后，经过艰辛探索和实践，成功在中华大地上制定和实施具有鲜明社会主义性质的宪法、真正意义上的人民宪法，在我国宪法发展史乃至世界宪法制度史上都具有开创性意义，为人类法治文明进步贡献了中国智慧、中国方案。

我们党领导人民制定的宪法，集中了人民智慧，体现了全体人民共同意志，实现了党的主张和人民意志高度统一，克服了一切旧宪法只代表少数人意志、为少数人利益服务的弊端，因而得到最广大人民拥护和遵行，具有显著优势、坚实基础、强大生命力。

1982 年我国现行宪法公布施行后，在党中央领导下，全国人大先后 5 次对这部宪法的个别条款和部分内容作出了必要的也是十分重要的修正。这些修改，对于完善发展我国宪法、推进社会主义法治建设、提高党的依法治国能力发挥了重要作用。

党的十八大以来，我们党高度重视全面依法治国，从关系党和国家长治久安的战略高度来定位法治、布局法治、厉行法治，把全面依法治国纳入“四个全面”战略布局中来谋划、来推进，推动我国宪法制度建设和宪法实施取得历史性成就。我们先后就全面依法治国、修改宪法部分内容等作出重大决策，设立中央全面依法治国委员会，健全党领导立法、保证执法、支持司法、带头守法的制度性安排，党对全面依法治国和宪法实施的领导得到全面加强。积极推进党的领导制度化、法治化，在宪法修正案中确立新时代中国特色社会主义思想在国家政治和社会生活中的指导地位，明确中国共产党领导是中国特色社会主义最本质的特征，党的领导的宪法保障更加健全。着力完善以宪法为核心的中国特色社会主义法律体系，健全宪法相关法律制度和机制，宪法实施更加有效。完善宪法监督制度，加强合宪性审查、备案审查制度和能力建设，宪法监督水平稳步提高。设立国家宪法日，建立宪法宣誓制度，广泛开展宪法宣传教育，全社会宪法意识和法治观念显著增强。依照宪法和基本法有效实施对特别行政区的全面管治权，制定实施香港特别行政区维护国家安全法，“一国两制”实践的法治保障更加有力。

事实表明，新时代十年我国宪法制度建设和宪法实施监督取得重大成效，全党全社会宪法意识明显提升，社会主义法治建设成果丰硕。

在新时代坚持和发展中国特色社会主义的进程中，我们党总结运用历史经验，全面贯彻实施宪法，勇于推进宪法理论和宪法实践创新，积累了许多新鲜经验，深化了对我国宪法制度建设的规律性认识。

一是必须坚持中国共产党领导。我国宪法确认了中国共产党的领导地位，这是我国宪法最显著的特征，也是我国宪法得到全面贯彻实施的根本保证。只有中国共产党才能坚持立党为公、执政为民，充分发扬民主，领导人民制定出体现人民意志的宪法，领导人民实施宪法，确保我国宪法发展的正确政治方向。

二是必须坚持人民当家作主。党领导人民制定和实施宪法，最根本的目的是维护人民利益、反映人民意愿、保障人民权益、增进人民福祉。只有坚持党的领导、人民当家作主、依法治国有机统一，发展全过程人民民主，把以人民为中心的发展思想贯穿立法、执法、司法、守法各个环节，加快完善体现权利公平、机会公平、规则公平的法律制度，保障公民人身权、财产权、人格权和基本政治权利不受侵犯，保障公民经济、文化、社会等各方面权利得到落实，才能确保法律面前人人平等。

三是必须坚持依宪治国、依宪执政。我国宪法是我们党长期执政的根本法律依据。只有坚持依宪治国、依宪执政，把党总揽全局、协调各方同人大、政府、政协、监察机关、审判机关、检察机关依法依章程履行职能、开展工作统一起来，把党领导人民制定和实施宪法法律同党坚持在宪法法律范围内活动统一起来，才能保证党领导人民依法有效治理国家。

四是必须坚持宪法的国家根本法地位。宪法集中体现了党和人民的统一意志和共同愿望，是国家意志的最高表现形式，具有根本性、全局性、稳定性、长期性。宪法规定的是国家的重大制度和重大事项，在国家和社会生活中具有总括性、原则性、纲领性、方向性。宪法是国家一切法律法规的总依据、总源头，具有最高的法律地位、法律权威、法律效力。只有坚持宪法的国家根本法地位，坚决维护和贯彻宪法规定、原则、精神，才能保证国家统一、法制统一、政令统一。

五是必须坚持宪法实施与监督制度化法规化。宪法的生命在于实施，宪法的权威也在于实施。必须用科学有效、系统完备的制度法规体系保证宪法实施，形成完备的法律规范体系、高效的法治实施体系、严密的法治监督体系、有力的法治保障体系，形成完善的党内法规体系，加强宪法监督，确保在法治轨道上推进国家治理体系和治理能力现代化、建设社会主义现代化国家。

六是必须坚持维护宪法权威和尊严。维护宪法权威，就是维护党和人民共同意志的权威；捍卫宪法尊严，就是捍卫党和人民共同意志的尊严；保证宪法实施，就是保证人民根本利益的实现。全国各族人民、一切国家机关和武装力量、各政党和各社会团体、各企事业组织，都必须以宪法为根本活动准则，并且负有维护宪法尊严、保证宪法实施的职责。任何组织和个人都不得有超越宪法法律的特权，一切违反宪法法律的行为都必须予以追究。

七是必须坚持与时俱进完善和发展宪法。宪法作为上层建筑，必须适应经济基础的变化，体现党和人民事业的历史进步，随着党领导人民建设中国特色社会主义实践的发展而不断完善发展。只有紧跟时代要求和人民意愿，遵循法治规律，在保持宪法连续性、稳定性、权威性的前提下，推动宪法不断适应新形势、吸纳新经验、确认新成果、作出新规范，才能永葆宪法生机活力。

党的二十大对新时代新征程党和国家事业发展作出全面部署，强调要更好发挥宪法在治国理政中的重要作用，更好发挥法治固根本、稳预期、利长远的保障作用，在法治轨道上全面建设社会主义现代化国家。我们要贯彻落实党的二十大精神，坚定不移走中国特色社会主义法治道路，增强宪法自觉，加强宪法实施，履行宪法使命，谱写新时代中国宪法实践新篇章。

第一，坚持和加强党对宪法工作的全面领导，更好发挥我国宪法制度的显著优势和重要作用。我国宪法是我们党领导人民长期奋斗历史逻辑、理论逻辑、实践逻辑的必然结果。没有中国共产党领导，就无法保证我国宪法得到全面贯彻和有效实施。

要坚持和加强党对宪法工作的全面领导，确保我国宪法发展的正确政治方向，确保我国宪法得到全面贯彻和有效实施，更好发挥宪法在坚持中国共产党领导，保障人民当家作主，促进改革开放和社会主义现代化建设，推动社会主义法治国家建设进程，促进人权事业全面发展，维护国家统一、民族团结、社会和谐稳定等方面的重要作用。要坚定政治制度自信，坚定不移走中国特色社会主义政治发展道路，坚持和完善中国特色社会主义制度，坚持宪法确定的中国共产党领导地位不动摇，坚持宪法确定的人民民主专政的国体和人民代表大会制度的政体不动摇，决不照抄照搬别国模式和做法。

第二，把宪法实施贯穿到治国理政各方面全过程，不断提高党依宪治国、依宪执政的能力。宪法是治国安邦的总章程，是我们党治国理政的根本法律依据，是国家政治和社会生活的最高法律规范。提高党依宪治国、依宪执政能力，必须把宪法实施贯彻到统筹推进“五位一体”总体布局、协调推进“四个全面”战略布局的全部实践中，贯彻到改革发展稳定、内政外交国防、治党治国治军各领域各方面，全面推进国家各方面工作法治化。

党领导人民制定宪法和法律，党首先要带头尊崇和执行宪法。要善于使党的主张通过法定程序成为国家意志，善于使党组织推荐的人选通过法定程序成为国家政权机关的领导人员，善于通过国家政权机关实施党对国家和社会的领导，支持国家权力机关、行政机关、监察机关、审判机关、检察机关依照宪法和法律独立负责、协调一致地开展工作。要把贯彻宪法法律落实到各级党委决策施策全过程，坚持依法决策、依法施策，守住不与宪法法律相抵触的底线，确保决策施策经得起历史和人民检验。

第三，加快完善以宪法为核心的中国特色社会主义法律体系，不断增强法律规范体系的全面性、系统性、协调性。坚持依法立法，最根本的是坚持依宪立法，坚决把宪法规定、宪法原则、宪法精神贯彻到立法中，体现到各项法律法规中。一切法律、行政法规和地方性法规都不得同宪法相抵触，一切违反违背宪法规定、原则、精神的法律法规规定必须予以纠正。

要完善立法体制机制，推进科学立法、民主立法、依法立法，统筹立改废释纂，增强立法系统性、整体性、协同性、时效性。要全面发挥宪法在立法中的核心地位功能，每一个立法环节都把好宪法关，努力使每一项立法都符合宪法精神、体现宪法权威、保证宪法实施。要落实宪法赋予人大及其常委会的职责，发挥其在立法工作中的主导作用，拓展人民有序参与立法途径。要加强重点领域、新兴领域、涉外领域立法，健全国家治理急需、满足人民日益增长的美好生活需要必备、维护国家安全所急的法律制度，加快我国法域外适用的法律体系建设。要坚持系统观念，全面完善法律、行政法规、军事法规、监察法规、地方性法规体系，使法律体系更加科学完备、统一权威，维护国家法治统一。

第四，健全保证宪法全面实施的制度体系，不断提高宪法实施和监督水平。健全保证宪法全面实施的制度体系，必须坚持宪法规定、宪法原则、宪法精神全面贯彻，坚持宪法实施、宪法解释、宪法监督系统推进，统筹推进法律规范体系、法治实施体系、法治监督体系、法治保障体系和党内法规体系建设，确保宪法得到完整准确全面贯彻。要完善宪法相关规定直接实施工作机制，充分发挥宪法在应对重大风险挑战、贯彻“一国两制”方针、推进祖国统一进程、维护国家安全和社会稳定中的重要作用。要完善宪法监督制度，推进宪法监督的规范化、程序化建设，提高合宪性审查、备案审查能力和质量，推进合宪性审查工作，落实宪法解释程序机制，积极回应社会各方面对涉宪问题的关切。

第五，加强宪法理论研究和宣传教育，不断提升中国宪法理论和实践的说服力、影响力。宪法的根基在于人民发自内心的拥护，宪法的伟力在于人民出自真诚的信仰。必须坚持宣传、教育、研究共同推进，坚持知识普及、理论阐释、观念引导全面发力，推动宪法深入人心，走进人民群众，推动宪法实施成为全体人民的自觉行动。

要完善宪法宣传教育工作格局，深化宪法宣誓、宪法纪念、国家象征和标志等制度的教育功能，推动宪法宣传教育常态化长效化。要抓住领导干部这个关键少数，抓住青少年、网民等重点群体，抓宪法纪念、宪法宣誓、宪法教材建设等重点载体，抓学校、社区、媒体等重点阵地，持续深入开展宪法宣传教育。要结合当代中国宪法制度和宪法实践，加强中国宪法理论研究，提炼标志性概念、原创性观点，加强中国宪法学科体系、学术体系、话语体系建设，巩固中国宪法理论在我国法治教育中的指导地位。要讲好中国宪法故事，有自信、有志气宣传中国宪法制度、宪法理论的显著优势和强大生命力，有骨气、有底气同一切歪曲、抹黑、攻击中国宪法的错误言行作斗争。

毛泽东同志在领导制定新中国第一部宪法时说过：“我们现在要团结全国人民，要团结一切可以团结和应当团结的力量，为建设一个伟大的社会主义国家而奋斗。这个宪法就是为这个目的而写的。”我们要全面贯彻实施宪法，推进全面依法治国，推进法治中国建设，为全面建成社会主义现代化强国，实现第二个百年奋斗目标，以中国式现代化全面推进中华民族伟大复兴而团结奋斗！

一、关于全国人大及其常委会的立法和监督工作

2022年，全国人大及其常委会共制定法律6件，修改法律10件，通过有关法律问题和重大问题的决定决议7件，作出法律解释1件。截至2022年12月底，中国现行有效的法律共295件。

（一）通过完备的法律制度推动宪法实施

全面发挥宪法在立法中的核心地位功能，每一个立法环节都把好宪法关。2022年，全国人大及其常委会依法对提请审议的法律草案和决定决议草案进行合宪性审查，区分不同情况分别作出相应安排，确保每一部法律、每一项制度、每一条规定都符合宪法规定、宪法原则、宪法精神。

——修改地方各级人民代表大会和地方各级人民政府组织法。3月，十三届全国人大五次会议修改地方各级人民代表大会和地方各级人民政府组织法，坚持党的全面领导，坚持发展全过程人民民主，健全地方人大、地方政府的组织制度和工作制度，有利于保障地方各级

国家权力机关、行政机关依法行使职权，推进国家治理体系和治理能力现代化。

——修改全国人大常委会议事规则。6月，全国人大常委会修改了全国人大常委会议事规则，贯彻落实党中央决策部署和修改后的宪法、全国人大组织法的规定，总结人民代表大会制度实践新经验新成果，健全完善全国人大常委会的会议制度和工作程序，推动提高全国人大常委会议事质量和效率，更好地贯彻和体现全过程人民民主重大理念，更好地保证人民当家作主。

——确保香港国安法全面准确贯彻实施，维护宪法和基本法确定的特别行政区宪制秩序。12月，全国人大常委会作出关于香港特别行政区维护国家安全法第十四条和第四十七条的解释。根据宪法和香港国安法有关规定，阐明有关条款的含义，明确解决有关问题的方式和路径，及时妥善解决香港国安法实施中遇到的问题，为维护国家主权、安全、发展利益提供有力法治保障。作出这一解释是全国人大常委会坚持依法治港、坚持和完善“一国两制”制度体系的一项重要举措。

——通过关于十四届全国人大代表名额和选举问题的决定等6个有关选举的法律文件。3月，十三届全国人大五次会议通过了关于第十四届全国人民代表大会代表名额和选举问题的决定、香港特别行政区选举第十四届全国人民代表大会代表的办法、澳门特别行政区选举第十四届全国人民代表大会代表的办法；4 月，全国人大常委会通过了第十四届全国人民代表大会代表名额分配方案、第十四届全国人民代表大会少数民族代表名额分配方案、台湾省出席第十四届全国人民代表大会代表协商选举方案，为新一届国家权力机关的组成奠定了法律基础。

（二）加强重点领域立法

——以高质量立法服务高质量发展。

制定期货和衍生品法。4 月，全国人大常委会审议通过期货和衍生品法。该法是中国首部规范期货交易和衍生品交易行为的专门法律，通过健全期货交易、衍生品交易制度，系统规定期货结算和交割基本制度，确立期货交易者保护制度，规范期货交易场所和结算机构的运行，加强对期货经营机构、服务机构以及期货市场的监管等，促进期货市场和衍生品市场服务国民经济，防范和化解金融风险，维护国家经济安全。

修改反垄断法。6 月，全国人大常委会修改反垄断法，聚焦反垄断突出问题，进一步预防和制止垄断行为，完善反垄断相关制度规则，加大对垄断行为的处罚力度，为强化反垄断和防止资本无序扩张提供明确法律依据和有力制度保障。

——加强国家安全领域立法。

制定预备役人员法，完善国防和军队立法。12 月，全国人大常委会审议通过预备役人员法。该法是一部覆盖预备役人员整体的专门法律，适应预备役部队调整改革，健全预备役人员制度，规范预备役人员管理，维护预备役人员合法权益，保障预备役人员有效履行职责使命，为推动预备役部队转型、推进预备役部队现代化建设提供重要法治保障。

——完善民生保障、社会治理领域立法。

制定反电信网络诈骗法。9月，全国人大常委会审议通过反电信网络诈骗法。该法贯彻落实党中央决策部署，坚持以人民为中心，统筹发展和安全，立足电信、金融、互联网治理，采取综合措施，压实行业治理等各方面法律责任，针对电信网络诈骗发生的信息链、资金链、技术链、人员链等各环节，从源头作出防范性制度规范，以“小切口”“小快灵”立法形式，为打击治理电信网络诈骗提供充分有力的专门法律支撑，在保护人民群众财产安全、维护社会和谐稳定方面发挥重要作用。

修订职业教育法。4月，全国人大常委会修订职业教育法，聚焦促进就业创业、加快培养技术技能人才、发挥企业重要主体作用、提升社会认可度、完善保障制度措施等方面，将职业教育改革发展的政策举措和实践成果上升为法律规范，为打造现代职业教育体系夯实法治基础。

修订体育法。6月，全国人大常委会修订体育法，围绕维护体育发展良好秩序，推动体育领域深化改革，更好满足人民体育权益需要作出修订，为推进体育治理体系和治理能力现代化、加快体育强国和健康中国建设提供有力法治保障。

修订农产品质量安全法。9月，全国人大常委会修订农产品质量安全法，进一步健全农产品质量安全责任机制，以“最严谨的标准、最严格的监管、最严厉的处罚、最严肃的问责”，全面完善农产品产地、生产、销售、流通、监管等方面规定，规范农产品生产经营活动、保障农产品质量安全，不断满足人民日益增长的美好生活需要。

修订妇女权益保障法。10月，全国人大常委会修订妇女权益保障法，贯彻落实男女平等国策，完善妇女的政治、人身和人格、文化教育、劳动和社会保障、财产、婚姻家庭等方面权益，健全相关制度机制，推动解决现实难点问题，更好保障妇女合法权益，促进妇女全面发展。

修订畜牧法。10月，全国人大常委会修订畜牧法，加强畜禽遗传资源保护和利用，鼓励畜禽种业自主创新，规范畜禽养殖、粪污资源化利用、屠宰等畜牧业生产经营行为，支持草原畜牧业发展，有利于促进现代畜牧业高质量发展，防范公共卫生风险。

——加快生态文明领域立法。

制定黑土地保护法。6 月，全国人大常委会审议通过黑土地保护法。该法建立针对性、系统性的黑土地保护制度，加强政府统筹协调，强化保护和治理修复，压实监督责任，以法治方式保护好黑土地这一“耕地中的大熊猫”，促进资源可持续利用，维护生态系统平衡，保障国家粮食安全。

制定黄河保护法。10 月，全国人大常委会审议通过黄河保护法。该法将黄河保护治理的成熟经验和探索实践上升为法律规定，对规划与管控、生态保护与修复、水资源节约集约利用、水沙调控与防洪安全、污染防治、促进高质量发展、黄河文化保护传承弘扬等作出全面规定，以法治方式守护“黄河安澜”。

修订野生动物保护法。12 月，全国人大常委会修订野生动物保护法，秉持生态文明理念，坚持保护优先、规范利用、严格监管的原则，加强对重要生态系统保护和修复，完善野生动物保护和管理制度，加大对违法行为的处罚力度，做好与生物安全法、动物防疫法、畜牧法等相关法律的衔接，进一步防范公共卫生安全风险，保障人民群众生命健康安全，推动绿色发展，促进人与自然和谐共生。

2022 年，全国人大常委会还审议了突发事件应对管理法、民事强制执行法、无障碍环境建设法、对外关系法、青藏高原生态保护法、农村集体经济组织法、增值税法、金融稳定法、外国国家豁免法草案，民事诉讼法、行政诉讼法修正草案，以及行政复议法、公司法、反间谍法、海洋环境保护法、慈善法修订草案等。其中，立法法修正草案经12月的全国人大常委会会议审议后决定提请十四届全国人大一次会议审议。

（三）为相关领域深化改革提供法治保障

——深化农村宅基地制度改革试点，探索宅基地使用权抵押制度。6月，全国人大常委会审议关于授权国务院在北京市昌平区等农村宅基地制度改革试点地区行政区域暂时调整实施有关法律规定的决定草案。

——修改对外贸易法，进一步优化营商环境。12月，全国人大常委会作出关于修改对外贸易法的决定，取消对外贸易经营者备案登记。这是外贸经营管理领域重大改革举措，有利于释放外贸增长潜力，推进贸易高质量发展和高水平对外开放。

——确保司法体制、国防和军队等领域改革顺利实施。2月，全国人大常委会作出关于设立成渝金融法院的决定，服务和保障成渝地区双城经济圈建设；作出关于中国人民解放军现役士兵衔级制度的决定，明确士兵军衔的性质、等级、称谓等制度和具体规范。

（四）在立法工作中践行全过程人民民主重大理念

全国人大常委会全面贯彻发展全过程人民民主要求，健全完善科学立法、民主立法、依法立法体制机制，扎实做好立法相关工作，在保证立法质量前提下加快立法步伐。一是充分发挥人大在立法工作中的主导作用。2022年，全国人大常委会审议的法律草案、决定草案中，由相关专门委员会、工作委员会牵头起草的有15件。二是坚持法律草案向社会公开征求意见。26件法律草案通过中国人大网向社会公开征求意见，收到119130人次提出的408635条意见。三是拓展全国人大代表参与立法工作的广度和深度。更多地邀请全国人大代表参加常委会立法调研、起草、论证、评估等工作，重要法律草案专门征求相关领域代表的意见。四是加强立法联系点建设。全国人大常委会法工委基层立法联系点数量增至32个（含中国政法大学立法联系点），实现了所有省（自治区、直辖市）全覆盖，辐射带动地方建立立法联系点5500余个。五是加强对地方立法工作的联系指导和工作协同。召开第二十八次全国地方立法工作座谈会，举办地方立法培训班，践行全过程人民民主，发挥好基层立法联系点作用，加快制定社会治理急需、满足人民日益增长的美好生活需要必备的地方性法规。

（五）全国人大常委会的监督工作

2022年，全国人大常委会用好宪法赋予人大的监督权，聚焦党中央重大决策部署和人民群众所思所盼所愿，实行正确监督、有效监督、依法监督，统筹运用各种监督方式，确保法律得到有效实施，确保行政权、监察权、审判权、检察权依法正确行使。全年共检查5部法律实施情况，听取审议22个报告，结合审议环境保护法执法检查报告进行1次专题询问，开展8项专题调研。

——检查法律实施情况。

开展科学技术普及法执法检查，重点检查了全民科学素质水平、科普工作体制机制、人才队伍建设、科普公共服务效能、科普事业保障能力等情况，这是科学技术普及法颁布实施20年来全国人大常委会首次开展执法检查，进一步助推新时代科普工作高质量发展，为科学技术普及法的修改工作提供坚实可靠依据。

开展环境保护法执法检查，重点检查了法定职责落实、生态环保法规配套、污染防治、生态保护和修复、生态环保执法监管等情况，这是全国人大常委会连续第5年对生态环保领域重要法律实施情况进行检查，在法治轨道上保护生态环境，为推动绿色低碳发展、建设人与自然和谐共生的现代化作出贡献。

开展乡村振兴促进法执法检查，重点检查了乡村振兴推进机制、产业基础、乡村共同富裕、人才保障、乡村社会文明、乡村生态环境治理等情况，促进乡村振兴战略全面实施，有序推进农业全面升级、农村全面进步、农民全面发展，加快农业农村现代化。

开展外商投资法执法检查，重点检查了配套制度建设、工作机制建设、外商投资权益保护及监管、法律普及等情况，助力进一步稳外贸稳外资，建设更高水平开放型经济新体制，营造市场化法治化国际化营商环境。

开展长江保护法执法检查，重点检查了长江流域污染防治攻坚、生态环境修复、绿色发展、配套法规建设、执法监管、协作机制等情况，助推实现生态优先、绿色发展，共抓大保护，不搞大开发，依法治江护江兴江。

在开展执法检查和专题询问的过程中，全国人大常委会组成人员分别就完善法律制度、推动法律实施、加强和改进相关工作等提出了意见和建议。国务院和有关部门高度重视这些意见和建议，提出并采取了一系列改进和落实的工作措施。

——听取和审议专项工作报告，开展专题调研。

助推经济高质量发展。听取审议国务院关于2022年国民经济和社会发展计划执行情况与2023年国民经济和社会发展计划草案的报告，推动国务院和国家发展和改革委员会完整、准确、全面贯彻新发展理念，加快构建新发展格局，推动高质量发展，深化供给侧结构性改革，高效统筹疫情防控和经济社会发展，更好统筹发展和安全，继续做好“六稳”“六保”工作。听取审议国务院关于数字经济发展情况的报告，推动赋能传统产业转型升级，催生新产业新业态新模式，不断做强做优做大我国数字经济。听取审议国务院关于“证照分离”改革涉及暂时调整适用法律有关情况的中期报告，推动深化相关改革、优化营商环境，加快完善社会主义市场经济体制。听取审议国务院关于财政社会保障资金分配和使用情况的报告，支持建设更加公平安全更可持续的社会保障体系。听取审议国务院关于金融工作情况的报告，总结新时代金融工作主要进展及成效，提出深化金融体制改革，持续强化金融风险防控能力，推动走中国特色金融发展之路。这是关于加强经济工作监督的决定修订后全国人大常委会首次听取和审议国务院关于金融工作的报告。围绕进一步完善有利于调节收入分配的个人所得税制度开展专题调研，推动深化个人所得税制度改革、健全直接税体系，在高质量发展中促进共同富裕。围绕地方政府专项债务管理与改革情况开展专题调研，支持和推动政府加强和改进专项债务管理，提高资金使用绩效，防范债务风险。围绕西部陆海新通道重大工程项目建设情况开展专题调研，推动融入共建“一带一路”、优化区域发展格局、实现高水平开放。

助力全面推进乡村振兴。听取审议国务院关于巩固拓展脱贫攻坚成果同乡村振兴有效衔接情况的报告，助力扎实做好乡村发展、乡村建设、乡村治理重点工作，牢牢守住不发生规模性返贫的底线，巩固拓展脱贫攻坚成果上台阶、乡村全面振兴见实效。围绕推动小农户和现代农业发展有机衔接情况开展专题调研，促进新型农业经营主体高质量发展，推动完善适合中国国情农情的农业经营体系，让小农户融入现代农业发展轨道和共同富裕示范区建设的大场景。围绕推进高标准农田建设和实施盐碱化耕地改良情况开展专题调研，助力深入实施“藏粮于地、藏粮于技”战略，为巩固和提高粮食生产能力、保障国家粮食安全夯实基础。

促进民生社会事业发展和生态环境治理。听取审议国务院关于儿童健康促进工作情况的报告，助力深入推进儿童健康事业改革发展，强化大卫生大健康理念，提升儿童健康水平。听取审议国务院关于有效减轻过重作业负担和校外培训负担，促进义务教育阶段学生全面健康发展情况的报告，推动完善基础教育体系、教育生态和育人格局，办好人民满意的教育，促进学生全面发展、健康成长。听取审议国务院关于加强和推进老龄工作进展情况的报告，围绕实施积极应对人口老龄化国家战略、推动老龄事业高质量发展情况开展专题调研，健全完善老龄工作体系，推动老龄事业和产业高质量发展，切实保障老有所养、老有所依、老有所乐、老有所安、老有所为。听取审议国务院关于就业工作情况的报告，助力实施就业优先战略，促进就业扩容提质、合理公平、畅通有序，为经济发展和民生改善提供重要支撑。听取审议国务院关于深化非法入境、非法居留、非法就业外国人治理情况的报告，助力全面加强外国人管理服务，持续提升“三非”外国人治理水平，维护国家安全，营造安全稳定的社会环境。围绕铸牢中华民族共同体意识情况开展专题调研，推动铸牢中华民族共同体意识贯穿新时代民族工作全过程各方面，持续推进中华民族共同体建设。听取审议国务院关于年度环境状况和环境保护目标完成情况的报告、关于研究处理全国人大常委会固体废物污染环境防治法执法检查报告及审议意见情况的报告，助力新形势下加强生态文明建设，协同推进减碳、降污、扩绿、增长，巩固蓝天、碧水、净土保卫战成果，建设美丽中国。

促进监察权、审判权、检察权依法行使。听取审议最高人民法院关于专利等知识产权案件诉讼程序若干问题的决定实施情况的报告，推动继续提高知识产权司法保护能力水平，健全我国知识产权专业化审判体系，激发和保护全社会创新创造活力。听取审议最高人民法院关于四级法院审级职能定位改革试点情况的中期报告，推动科学配置审判资源，保证法律正确统一适用，更好满足人民群众多元司法需求。听取审议最高人民法院关于人民法院涉外审判工作情况的报告，推动维护国家主权、安全、发展利益，营造市场化法治化国际化营商环境。听取审议最高人民检察院关于人民检察院开展未成年人检察工作情况的报告，推动强化未成年人综合司法保护，完善专业化与社会化相结合的保护体系，保障未成年人健康成长，促进社会和谐稳定。围绕监察机关推进监察工作规范化、法治化、正规化建设情况开展专题调研，推动深化纪检监察体制改革，锻造高素质专业化纪检监察铁军。

——加强预算决算审查监督和国有资产监督工作。听取审议国务院关于2021年中央决算报告和中央决算草案，关于2022年中央和地方预算执行情况与2023年中央和地方预算草案的报告，关于2021年中央预算执行和其他财政收支的审计工作报告、审计查出问题整改情况报告，审查批准2021年中央决算，坚持稳中求进工作总基调，推动积极的财政政策全面提升效能，深化财税体制改革，推进财政管理，高效统筹疫情防控和经济社会发展。听取审议国务院关于2021年国有资产管理情况的综合报告。这是全国人大常委会连续第5年审议国务院关于国有资产管理情况的年度综合报告，全面总结过去5年的国有资产管理治理工作，基本摸清了国有资产家底，进一步完善全覆盖全口径管理体系和制度，国有资产监督迈上新台阶。贯彻落实《关于加强地方人大对政府债务审查监督的意见》，出台具体实施意见，切实推动地方人大加强对政府债务的审查监督。高质量推进预算联网监督系统建设和使用，预算联网监督系统二期正式上线应用，全国31个省（自治区、直辖市）、90%以上的地市、80%以上的县区人大完成系统建设。

——做好规范性文件备案审查工作。坚持“有件必备、有备必审、有错必纠”，备案审查制度建设取得新进展。全年逐件审查报送备案的行政法规、地方性法规、自治条例和单行条例、经济特区法规、司法解释、特别行政区法律等共1172件，区分不同情况作出处理。2022年，收到公民、组织提出的审查建议4829件，以研究处理审查建议为抓手，积极推动解决人民群众普遍关注的问题，保障全过程人民民主落到实处。组织开展物业管理、生育保险等领域规范性文件集中清理和专项审查工作。制定《法规、司法解释形式审查工作程序》，加强形式审查，督促报备机关对存在报备问题的56件法规及时予以改正。落实修改后的地方组织法，推动地方各级人大常委会建立健全听取和审议备案审查工作情况报告制度。探索建立备案审查案例指导制度，推动解决地方立法共性问题，统一审查标准和尺度。

二、关于依法行政

2022年，中国政府坚持依法全面履行职能，深入贯彻落实《法治政府建设实施纲要（2021—2025年）》，扎实推进法治政府建设，各项工作取得重要进展和成效。

（一）国务院行政立法工作

2022年，国务院提请全国人大常委会审议法律议案6件，制定行政法规2部，修改行政法规17部，废止行政法规6部。国务院提请全国人大常委会审议批准的条约和国务院核准的条约17项。

——制定《促进个体工商户发展条例》。10月，国务院公布《促进个体工商户发展条例》，进一步明确个体工商户的法律地位，统筹发展和安全、纾困和培育、活力和秩序，开展分型分类帮扶，优化营商环境，加强权益保护，促进个体工商户持续健康发展。

——制定《缔结条约管理办法》。10月，国务院公布《缔结条约管理办法》，在总结实践经验和有关规定的基础上，进一步完善和优化相关程序，增强可操作性，规范缔结条约工作程序，加强对缔结条约事务的管理。办法重点细化明确了重大事项向党中央报告，缔约名义判断标准，国务院建议提请全国人大常委会批准和国务院核准条约的范围，条约适用于香港特别行政区、澳门特别行政区的办理程序，条约的国内法审核以及部分程序的制度设计。

——修订《中华人民共和国水下文物保护管理条例》。1月，国务院修订《中华人民共和国水下文物保护管理条例》，贯彻党中央、国务院有关文物保护工作的精神和要求，充分考虑水下文物保护工作的特殊性，针对水下文物保护实践中的突出问题，进一步明确有关管理体制和执法机制，完善水下文物保护区制度，规范水下文物考古调查、勘探、发掘等活动。

——修订《地名管理条例》。3月，国务院修订《地名管理条例》，对县级以上人民政府地名管理工作协调机制、地名行政主管部门管理权限、地名命名更名程序、地名使用规范、地名文化保护以及违反条例的处罚措施作出规定，加强和规范地名管理，适应经济社会发展、人民生活和国际交往的需要，传承发展中华优秀文化。

——开展行政法规专项清理工作。持续推进“证照分离”改革、取消不合理罚款规定、计划生育政策调整涉及的行政法规一揽子修改和废止工作，修改《外商投资电信企业管理规定》《医疗机构管理条例》《互联网上网服务营业场所管理条例》等14部行政法规，废止《国务院关于通用航空管理的暂行规定》等6部行政法规。认真做好调法调规情况中期评估和授权立法制度与实践后评估工作。

——开展法规规章备案审查工作。2022年，逐件审查各地方、各部门报送国务院备案的法规规章报告1900余件。对存在问题的法规规章均按照法定程序和权限作出处理。

——推进全面落实行政规范性文件合法性审核机制工作。组织各地区各部门查找存在的问题，提出改进工作的措施。组织开展全国行政规范性文件合法性审核指导案例评选工作，各地区各部门报送案例103个。研究探索行政规范性文件合法性审核区域一体化工作，推进长三角区域行政规范性文件合法性审核一体化建设。

（二）依法行政工作

——开展法治政府建设督察工作。认真开展市、县法治建设督察，组织8个督察组，分赴山西、辽宁等8省份开展实地督察，总结典型经验16条，发现各类问题200余项。探索开展重大法治事件督察，关注并推动涉及权力滥用、执法不规范等30余件重大法治事件处理，以点带面推动依法行政、依法决策。

——开展法治政府建设示范创建活动。经过书面评审、实地评估、人民群众满意度测评、社会公示等环节，最终确定50个综合示范地区和59个单项示范项目。组织协调50多家单位的130多人次专家学者参与第三方评审评估，人民群众满意度测评电话访问人数超过1100万。

——推进严格规范公正文明执法。深化行政执法体制改革，组织开展省、市、县、乡四级行政执法协调监督工作体系建设试点，深入推进行政执法规范化、标准化、信息化建设，完善重大行政执法案事件督办工作机制，首次表彰200个全国行政执法先进集体、400名先进个人，行政执法质量稳步提升。规范行政裁量权基准制定和管理，研究制定《国务院办公厅关于进一步规范行政裁量权基准制定和管理工作的意见》，加快推进全国行政执法人员培训标准化体系建设，推进行政执法文书、执法装备配备、执法证件、执法服装等管理工作。

——推进行政裁决工作。推进行政裁决重点领域规范化建设，部署开展第三批专利侵权纠纷行政裁决规范化建设试点。建立行政裁决案例指导制度，充分发挥典型案例示范、警示、指导作用。

——持续推进“减证便民”工作。自2018年开展

“减证便民”工作以来，各地区、各有关部门已累计清理取消证明事项2.1万多项。运行好“群众批评——证明事项清理投诉监督平台”，及时受理、转送群众涉及证明事项的投诉，解决好群众急难愁盼问题。发布持续推进“减证便民”典型案例，邀请专家点评，并通过各大主流媒体进行宣传推广。印发《国务院关于取消和调整一批罚款事项的决定》，确定取消和调整95个罚款事项。

——加强行政复议与应诉工作。2022年，各级行政复议机关共办结行政复议案件25.6万件，审结案件中作出纠错决定2.9万件，纠错率达13.9%。严格依法办理与市场主体关系密切的行政复议案件1.9万件，纠错率达12.6%。各级行政机关同期共办理一审行政应诉案件26.9万件，败诉率为16.1%。深入贯彻落实中央全面依法治国委员会《行政复议体制改革方案》，通过台账管理、调研督察等方式持续加强督导，推动改革主体任务全面落地，31个省（自治区、直辖市）和新疆生产建设兵团全部出台本地区改革实施方案，基本实现省、市、县三级行政复议职责集中。针对一些地方存在的部分行政复议决定长期不履行问题，部署开展监督行政复议决定履行专项行动，推动972件近三年内未依法履行的案件履行到位。

——开展司法协助国际合作工作。2022年，共审查处理42个国家提出的330件刑事司法协助请求，依约向8个国家提出11件刑事司法协助请求，办理20个国家提出的102件被判刑人移管请求。

三、关于全面深化政法改革工作

2022年是党的十九大以来全面深化政法改革的收官之年，也是启动新一轮政法改革的开局之年。政法系统持续深化体制机制改革，进一步推动改革系统集成、协同高效、纵深推进，加快形成全方位深层次政法改革新格局。

（一）深化执法司法权力运行机制改革

——全面部署推进。7月，中央政法委以深化执法司法权力运行机制改革为主题，召开全面深化政法改革推进会，中央政治局委员、中央书记处书记、中央政法委书记郭声琨出席会议并讲话，对持续优化党委政法委与政法机关之间、不同政法机关之间、上下级政法机关之间以及政法机关内部的职权配置，健全刑事、民事、行政各领域权力运行机制，让执法司法权力更加规范高效运行，进一步提升改革整体效能，作出全面部署。中央政法委制定《关于深化政法领域执法司法权力运行机制改革的指导意见》，聚焦政法领域执法司法权力的不同类别，对深化执法司法权力运行机制改革提出具体要求。

——系统贯彻落实。最高人民法院、最高人民检察院、公安部、国家安全部、司法部分别组织召开本系统改革推进会，对贯彻落实全面深化政法改革推进会精神，加快构建科学合理、规范有序、权责一致的执法司法权力运行机制，作出针对性安排。其中，最高人民法院、最高人民检察院聚焦审判权、检察权运行中的重点难点堵点问题，就进一步优化职权配置、规范权力运行、深化科技应用等作出部署。公安部总结交流基层实践探索经验，专题部署深化警务体制机制改革。司法部聚焦刑罚执行、公共法律服务监管等司法行政系统权力运行的重点领域和关键环节，部署推进相关改革。各地党委政法委和政法单位及时召开会议、组织培训、开展调研，传达学习全面深化政法改革推进会精神，结合本地实际，谋划推进相关改革。

——加强制度保障。最高人民法院制定《关于规范合议庭运行机制的意见》，进一步细化合议庭组成机制，完善合议庭成员职责、评议规则和裁判文书制作方式，并就合议庭运行与院庭长履行监督管理职责等重点问题作出规范。最高人民检察院、公安部制定《关于依法妥善办理轻伤害案件的指导意见》，着眼于落实宽严相济刑事政策、提升轻伤害案件办案质效，进一步规范轻伤害案件调查取证、审查逮捕、审查起诉等办案标准和程序。公安部深入推进公安执法责任体系和警务体制机制改革，就完善“情报、指挥、行动”一体化运行机制，建立健全警种部门支援派出所机制，完善派出所警务运行机制出台制度文件，进一步明晰职能定位、理顺层级关系，加快构建职能科学、事权清晰、指挥顺畅、运行高效的公安机关职能体系和职责清晰、权责统一、监管有效、保障有力的公安执法责任体系。

（二）深化执法司法制约监督体系改革

——健全法院内部制约监督制度。继续推进四级法院审级职能定位改革试点，规范提级管辖和报请再审提审工作，推动民事诉讼法、行政诉讼法修改。各地法院贯彻落实《关于进一步完善“四类案件”[①] 监督管理工作机制的指导意见》，结合地方实际研究制定实施细则，进一步完善“四类案件”认定标准、程序、院庭长监督方式和保障措施。最高人民法院制定《裁判要旨梳理提炼工作方案》和《裁判要旨梳理提炼规则》，完善法律统一适用机制。最高人民法院印发《关于做好法官惩戒

---

① “四类案件”，是指符合下列情形之一的案件：
（一）重大、疑难、复杂、敏感的；
（二）涉及群体性纠纷或者引发社会广泛关注，可能影响社会稳定的；
（三）与本院或者上级人民法院的类案裁判可能发生冲突的；
（四）有关单位或者个人反映法官有违法审判行为的。

与纪检监察工作衔接的规定》，理顺法官惩戒程序与纪检监察程序的关系，明确人民法院与纪检监察机关在法官惩戒中的职责范围和任务分工。

——健全检察院内部制约监督制度。最高人民检察院制定出台《人民检察院检察官违纪违法退出员额规定(试行)》，进一步明确检察官因违纪违法退出员额的具体情形及退额后续影响，严格检察官队伍监督管理。持续狠抓防止干预司法“三个规定”[①] 落实，在全国范围内开展针对被记录报告检察人员的专项核查，对违反“三个规定”的检察人员严肃处理。

——健全公安机关内部制约监督制度。深化刑事案件“两统一”[②] 改革，细化规范案件审核的范围、内容、标准，完善内外上下衔接机制，不断提高审核质效。推动执法监督管理委员会实体化运行。公安部出台《关于进一步推动执法办案管理中心提质增效的意见》，召开公安机关执法办案管理中心提质增效视频推进会，围绕“安全、规范、集约、智能、高效”目标，进一步完善

---

① “三个规定”是指《领导干部干预司法活动、插手具体案件处理的记录、通报和责任追究规定》《司法机关内部人员过问案件的记录和责任追究规定》《关于进一步规范司法人员与当事人、律师、特殊关系人、中介组织接触交往行为的若干规定》。

② 刑事案件“两统一”是指刑事案件由公安系统法制部门统一审核、统一出口的工作机制，即法制部门对提请批准逮捕、移送审查起诉、变更刑事强制措施等容易出现问题的环节进行审核，并统一对口衔接检法机关。

执法办案、监督管理、服务保障“一体化”运行机制。加强执法办案管理中心建设跟踪督导，在全国公安机关选树66个建设应用成效突出的执法办案管理中心，要求各地学习借鉴。截至2022年底，公安机关共建成执法办案管理中心3049个，完成计划建设任务。

——加强检察机关法律监督。《关于健全完善侦查监督与协作配合机制的意见》实施一年多来，全国检察机关、公安机关联合设立侦查监督与协作配合办公室4320个，实现侦查监督与协作配合办公室市、县两级全覆盖。侦查监督、立案监督等检察工作进一步做强做实，全年督促侦查机关立案3.7万件，撤案4.6万件，同比分别上升48%和57%。以融入式监督一体推进严格执法公正司法，对侦查活动违法情形提出纠正意见、纠正漏捕漏诉等均呈上升趋势，侦查、起诉质量进一步提升。创新开展省内、跨省交叉巡回检察，全面推开看守所巡回检察，积极探索社区矫正巡回检察，不断扩大社区矫正巡回检察覆盖面，加强对交付执行、收监执行等重点环节的法律监督。开展司法行政强制隔离戒毒检察监督试点，19个省（自治区、直辖市）出台具体实施方案，26个省（自治区、直辖市）确定试点场所，14个省（自治区、直辖市）扩大试点比例，其中6个省实现试点全覆盖。

（三）深化诉讼制度改革

——完善刑事诉讼制度。深化以审判为中心的刑事诉讼制度改革，研究修订人民法院办理刑事案件庭前会议、排除非法证据、办理第一审普通程序法庭调查“三项规程”，做好死刑复核法律援助工作的沟通协调和保障，健全证人出庭作证制度。司法部联合最高人民法院、最高人民检察院、公安部出台《关于进一步深化刑事案件律师辩护全覆盖试点工作的意见》，在巩固审判阶段试点工作成效基础上，在全国部署开展审查起诉阶段律师辩护全覆盖试点。最高人民法院推动境外承认执行中国法院没收裁定，研究根据外国请求承认和执行外国法院冻结令和没收令的标准和程序，以及违法所得没收程序补充规定，研究中国承认与执行外国裁定的标准和程序。

——深化诉源治理改革。最高人民法院起草深化现代化诉讼服务中心建设指导意见、全面深化跨域诉讼服务指导意见、诉前调解中委托鉴定工作规程、“12368”热线交转办工作规程等相关配套制度，提高一站式建设规范化水平。全面推进调解平台“进乡村、进社区、进网格”工作，及时把矛盾纠纷化解在基层、化解在萌芽状态，努力实现案结事了人和。

——推进在线诉讼服务平台建设。将中国移动微法院升级为人民法院在线服务，提供“一网通办”诉讼服务，移动端累计访问量达14.19亿次，30.38%的立案申请在非工作时间、非工作日提出，为律师发出排期避让提醒37.73万次，真正实现诉讼活动全天候“不打烊”、全流程“零跑腿”。全国法院通过送达平台送达的民事、行政案件占比达80%以上。

(四) 服务保障经济社会高质量发展

——深化公安行政管理服务改革。户口迁移政策普遍放开放宽，中西部地区除省会和自治区首府外，基本实现了城镇落户零门槛，农业转移人口进城落户更加便捷。推动在全国范围内实现6项户口迁移和开具户籍类证明“跨省通办”。截至2022年底，全国累计办理户口迁移“跨省通办”113万余笔，办理开具户籍类证明“跨省通办”71万余笔，办理新生儿入户“跨省通办”1.2万笔。24个省份全面启动首次申领居民身份证“跨省通办”试点，累计办理“跨省通办”首次申领居民身份证12万余件，为群众节约往返费用约1.2亿元。深化公安交管改革，积极推行私家车登记全国“一证通办”、车辆信息变更“跨省通办”等便民利企措施，优化货车进城管理，全年实施的改革措施惠及6亿多人次，为群众、企业减少办事成本60多亿元。深化移民出入境管理改革，改革优化水陆空口岸边检通关模式，对国际货运船舶实施到港“零等待”作业、离港“零延时”验放，深化出入境证件便利化应用。

——全面建设现代公共法律服务体系。覆盖城乡、便捷高效、均等普惠的现代公共法律服务体系基本形成，公共法律服务体制机制、制度体系不断健全完善，各类法律服务机构75万多个，专业法律服务人员399.7万人，建成59万个公共法律服务实体平台，60多万个村（社区）配备法律顾问，公共法律服务热线和中国法律服务网全面建成、规范运行。

——服务保障市场化法治化国际化营商环境建设。健全完善国际商事争端解决机制，在北京、上海、广东、海南开展国际商事仲裁中心试点建设工作，在海南设立国际商事法庭海南自由贸易港联络点，在泉州市中级人民法院等设立国际商事法庭，促进国际商事法庭高质量发展。成立成渝金融法院，健全完善金融审判体系，推动国家金融战略实施，促进成渝地区双城经济圈经济健康发展。在全国检察机关全面推开涉案企业合规改革试点，坚持依法“能用尽用”，依法可不捕、不诉的，责成涉案企业作出合规承诺，切实整改。截至2022年底，全国检察机关共办理企业合规案件5150件。最高人民检察院发布《关于全面加强新时代知识产权检察工作的意见》，联合国家知识产权局出台《关于强化知识产权协同保护的意见》，优化协作配合机制，推动构建知识产权“严保护、大保护、快保护、同保护”工作格局。

——积极稳妥拓展公益诉讼案件范围。最高人民检察院推动在立法层面增加反垄断、反电信网络诈骗、农产品质量安全、妇女权益保障等检察公益诉讼履职领域，与相关职能部门出台《关于建立健全水行政执法与检察公益诉讼协作机制的意见》《中央生态环境保护督察公益诉讼案件线索交办督办工作办法》，更好发挥检察公益诉讼的监督、支持和法治保障作用。

四、关于审判、检察、公安和司法行政工作

（一）审判工作

2022年，最高人民法院受理案件18547件，审结13785件；地方各级人民法院和专门人民法院受理案件3370.4万件，审结、执结3081万件，结案标的额9.9万亿元。

——刑事审判工作。2022年，各级人民法院审结一审刑事案件103.9万件，判处罪犯143万人。严惩各种渗透颠覆破坏、暴力恐怖、民族分裂、宗教极端等犯罪，坚定维护国家政权安全、制度安全、意识形态安全。依法反制非法制裁和“长臂管辖”，坚定捍卫国家主权、安全、发展利益。审结故意杀人、强奸、抢劫、绑架、放火、爆炸等严重暴力犯罪案件4.5万件，审结毒品犯罪案件3.7万件。依法惩治腐败犯罪。审结贪污贿赂等职务犯罪案件2.0万件；坚决惩治侵害群众利益的“蝇贪”“蚁腐”，对挪用惠农资金、克扣征地补偿款、贪污危房改造补助等腐败犯罪严惩不贷；依法严惩

多次行贿、巨额行贿、长期“围猎”干部的行贿犯罪；提起公诉的中国首例适用刑事缺席审判程序的程三昌贪污案于2022年初宣判。依法惩治信息网络犯罪。审结电信网络诈骗及关联犯罪案件12.2万件，千方百计帮助受骗群众挽回损失；依法惩治侵犯公民个人信息、帮助信息网络犯罪活动等犯罪，加大全链条打击力度；通过审理刷单返利、虚假理财、交友陷阱等网络诈骗案件，揭露花样翻新的诈骗套路，助力全民反诈；严厉打击网络赌博犯罪，严惩散布虚假信息、危害网络生态的犯罪行为，决不允许网络空间沦为法外之地。依法审理危害食品药品安全犯罪案件，严惩利欲熏心的造假者、滥用职权的渎职者，对制售有毒有害食品的犯罪分子依法宣告从业禁止，守护百姓餐桌安全、用药安全。开展打击医保骗保犯罪专项行动，严惩幕后组织者和职业骗保人。严厉打击整治养老诈骗，守护群众养老钱。

——民事商事审判工作。2022年，各级人民法院审结一审民商事案件1611.4万件。审结网络购物合同纠纷案件3.2万件，维护网络消费者合法权益，促进数字经济持续健康发展。审结婚姻家庭案件181.6万件，维护家庭和谐幸福。审结破产案件1.0万件，对仍有市场潜力的高负债企业通过依法重整实现重生，对资不抵债、拯救无望的企业宣告破产，实现市场出清。探索个人破产制度，让诚信的创业失利者能有重归市场打拼的机会。深入践行“两山”理念，审结环境资源案件24.6万件，基本建成中国特色环境资源审判组织体系。审结一审涉外民商事案件2.3万件、海事案件1.5万件。

——行政审判、国家赔偿工作。2022年，各级人民法院审结一审行政案件28.4万件，强化行政行为合法性审查，服务法治政府建设。完善国家赔偿和司法救助制度。

——执行工作。2022年，各级人民法院受理执行案件982.7万件，执结917.5万件，执行到位金额2.3万亿元。网络执行查控系统对被执行人全国范围内16类财产一键查询、线上控制，有效解决查人找物难。开展涉民生保障、涉拖欠农民工工资、涉拖欠民营企业账款等专项执行行动。健全解决执行难长效机制，持续推进执行难综合治理、源头治理。不断健全中国特色执行制度机制，执行模式发生根本性变革，有力促进了法治社会和诚信社会建设。

——审判监督工作和立案信访。坚持罪责刑相适应原则，依法开展审判监督工作，做到重罪重罚、轻罪轻罚、无罪不受刑事追究，使司法裁判真正符合人民群众心中朴素的公平正义观。健全冤错案件有效防范和及时纠正机制，坚决守住防止冤错案件底线。建成中国特色一站式多元纠纷解决和诉讼服务体系，提供菜单式、集约式、一站式纠纷解决服务。人民法院调解平台开通以来，9.6万个调解组织和37.2万名调解员入驻，在线调解纠纷3832万件，2022年平均每分钟75件成功在诉前在线化解。

——司法解释与案例指导工作。2022年，最高人民法院单独制定出台司法解释17件，联合最高人民检察院出台司法解释3件，其中刑事司法解释3件，民事司法解释10件，行政司法解释1件，其他司法解释6件。这些司法解释和指导性案例为法律的正确实施发挥了积极作用。发布《最高人民法院关于审理生态环境侵权纠纷案件适用惩罚性赔偿的解释》《最高人民法院关于审理证券市场虚假陈述侵权民事赔偿案件的若干规定》《最高人民法院关于适用〈中华人民共和国民法典〉总则编若干问题的解释》《最高人民法院关于办理人身安全保护令案件适用法律若干问题的规定》，对妥善处理经济社会发展和民生领域的新情况、新问题予以指导；发布《最高人民法院关于修改〈最高人民法院关于审理非法集资刑事案件具体应用法律若干问题的解释〉的决定》《最高人民法院、最高人民检察院关于办理破坏野生动物资源刑事案件适用法律若干问题的解释》和《最高人民法院、最高人民检察院关于办理危害生产安全刑事案件适用法律若干问题的解释（二）》，对正确处理刑事司法工作中重大复杂问题予以指导；发布《最高人民法院关于审理行政赔偿案件若干问题的规定》，对妥善处理行政诉讼领域的新情况、新问题予以指导。

（二）检察工作

2022年，全国检察机关深入贯彻《中共中央关于加强新时代检察机关法律监督工作的意见》，深化抓实检察工作“质量建设年”各项部署，受理审查逮捕83.7万人，受理审查起诉209.2万人，办理民事案件31.6万件、行政案件7.8万件、公益诉讼案件19.5万件。最高人民检察院单独制定出台司法解释1件，联合最高人民法院出台司法解释1件，发布指导性案例36件。

——维护安全稳定，以能动检察助力中国之治。

坚决维护国家安全和社会安定。2022年，检察机关批准和决定逮捕各类犯罪嫌疑人49.4万人；不捕36.6万人，不捕率43.4%。决定起诉143.9万人，不起诉51.3万人，不起诉率26.3%。严厉打击敌对势力渗透、破坏、颠覆、分裂活动。支持新疆等地反恐维稳法治化常态化。坚决贯彻香港特别行政区维护国家安全法。常态化推进扫黑除恶斗争，起诉涉黑恶犯罪1.4万人，同比下降32.1%。2022年，起诉杀人、放火、爆炸、绑架、抢劫、盗窃犯罪为近20年来最低。

依法有力服务疫情防控大局。会同相关部门出台办案规范，创新以案释法，指导依法战“疫”，起诉借疫情诈骗、哄抬物价犯罪197人，起诉制售伪劣口罩等防疫物资、不符合标准医用器材、假药劣药犯罪192人。疫情防控政策优化调整后，及时牵头对相关办案规范依法作出调整。

积极促推依法治网。协同最高人民法院、公安部出台23条办案指导意见，坚持全链条打击，起诉非法买卖电话卡和银行卡、提供技术支持、帮助提款转账等犯罪13万人。协同公安机关从严惩治电信网络诈骗犯罪，深挖幕后金主，严惩团伙骨干，全力追赃挽损。聚焦重点领域、新型手段、特殊对象，起诉电信网络诈骗犯罪3.1万人。起诉侵犯公民个人信息犯罪9300余人。

依法严格落实认罪认罚从宽制度。检察环节适用率超过90%，提出确定刑量刑建议占量刑建议提出数的90%以上，量刑建议被采纳率达到98.3%，一审服判率达到97%，高出未适用该制度案件29.5个百分点。

以检察履责“我管”促职能部门依法“都管”。2022年，检察机关结合办案制发社会治理检察建议4.7万件，促进诉源治理。其中，有2200余份检察建议推动被建议单位形成长效机制或出台规范性文件，7100余份检察建议推动本地、本部门以外的地方、部门改进工作、完善治理。

——聚焦服务大局，以能动检察促推高质量发展。

突出防范金融风险，筑牢金融安全法治防线。严厉打击金融犯罪，起诉破坏金融管理秩序犯罪、金融诈骗犯罪2.9万人。加大反洗钱力度，起诉洗钱犯罪2500余人，同比上升1倍。起诉洗钱犯罪与上游犯罪的比例为2.9%，同比增加1.9个百分点，洗钱犯罪查办力度不断加大，“一案双查”成效逐步显现。聚焦资本市场安全，从严打击证券期货类犯罪。起诉各类证券、期货类犯罪300余人，同比上升38.4%，办理一批有重大社会影响的财务造假、操纵市场、内幕交易等重点领域案件。

在反腐败斗争中充分发挥检察作用。2022年，检察机关受理各级监察委员会移送各类职务犯罪案件18254人（去除改变管辖人数），同比上升3.4%；提前介入职务犯罪案件1.1万件，自行补充侦查2913件，不起诉534人。在反腐败追逃追赃方面，对7名归案的涉嫌职务犯罪“红通人员”提起公诉。坚持受贿行贿一起查，出台《关于加强行贿犯罪案件办理工作的指导意见》，首次联合国家监察委员会发布5起行贿犯罪典型案件，起诉行贿罪、单位行贿罪、对单位行贿罪共1491件2099人，有力震慑“围猎者”。

落实好最严格耕地保护制度。常态化开展土地执法查处领域行政非诉执行监督，与自然资源部联合印发《关于建立行政检察与自然资源行政执法衔接工作机制的意见》，建立健全协作机制。推动破解土地行政处罚决定申请强制执行难题，共受理土地执法查处领域非诉执行监督案件1.3万件，涉及各类土地面积11.2万亩。

——坚持司法为民，以能动检察保障民生福祉。

用心呵护未成年人安全幸福成长。2022年，检察机关批准逮捕未成年犯罪嫌疑人1.5万人，不捕3.4万人，不捕率为68.5%，高于总体刑事犯罪25.1个百分点。对未成年犯罪嫌疑人决定起诉2.8万人，不起诉4.1万人，不起诉率59.9%，高于总体刑事犯罪33.6个百分点。对侵害未成年人犯罪批准逮捕3.9万人，起诉5.8万人。持续强化对未成年被害人的关爱，救助未成年被害人1.7万余人，发放救助金2225万余元。起诉校园暴力和欺凌犯罪680余人，同比下降35.6%。适用未成年人保护法推动落实从业禁止制度，猥亵儿童教职人员被宣告终身禁业。

持续做实群众信访件件有回复。2022年，检察机关接收群众信访77.7万件，重复信访23万件，信访总量、重复信访数量同比分别下降13.2%、14.1%。建立各级检察院领导带头办理信访案件，院领导办理疑难复杂信访案件5万余件。做细司法救助，坚持“应救尽救”，共救助8.2万人，同比上升72.2%，发放救助金8.4亿元，同比上升36.9%。受理刑事赔偿申请900余件，决定给予刑事赔偿案件700余件。

贯彻“全过程人民民主”，加强公开听证。2022年，开展公开听证18.9万件次，同比上升79.8%，听证案件类型不断拓展，全面覆盖“四大检察”（刑事检察、民事检察、行政检察和公益诉讼检察）。探索上门听证、简易听证，开展信访案件简易公开听证2.2万件。

做深做实行政争议实质性化解。2022年，检察机关将行政争议实质性化解作为办理行政诉讼监督案件的必经程序。针对一些行政诉讼案件程序已结但讼争未解、长期申诉的情况，综合运用抗诉、检察建议、司法救助等方式，实质性化解行政争议1.7万余件。其中，化解5年至10年的争议1700余件，10年以上的1300余件。

——加强诉讼监督，以能动检察维护司法公正。

深化刑事立案、侦查、审判监督。2022年，检察机关对认为确有错误的刑事裁判提出抗诉6800余件，法院采纳抗诉意见改判和发回重审3900余件，占审结总数的68.5%。针对刑事审判活动中的违法行为，提出纠正2.6万件次，法院同期采纳率99.5%。2021年起，会同公安部在所有市、县设立侦查监督与协作配合办公室。2022年，对公安机关开展立案（撤案）监督8.5万件，监督后公安机关已立案（撤案）8.3万件，占监督数的97.3%。

坚决纠正和防止冤错案件。2022年，最高人民检察院提起抗诉的3起刑事案件，经最高人民法院实质审查，均指令下级法院再审。

强化刑事执行监督。2022年，检察机关对“减刑、假释、暂予监外执行”不当提出纠正5.8万人，对刑事执行活动违法行为提出纠正6.8万件，对监外执行活动违法行为提出纠正10.2万人，对财产性判项执行履职不当提出纠正5.8万件。全面推开看守所巡回检察，开展看守所巡回检察2100余次。

严查司法工作人员相关职务犯罪。严格规范办理司法工作人员利用职权实施的侵犯公民权利、损害司法公正犯罪案件，立案侦查1400余人；制发职务犯罪检察建议2206份，同比上升63%。

做强民事检察监督。2022年，检察机关办结民事生效裁判监督案件7.3万件，提出监督意见1.4万件。其中，提出抗诉4500余件，提出再审检察建议9500余件，抗诉改变率91.7%，再审检察建议采纳率95.1%。对民事审判活动违法行为提出检察建议6.2万件，法院同期采纳率99.8%。对民事执行活动违法行为提出检察建议7.1万件，法院同期采纳率99.9%。持续监督民事虚假诉讼，提出的民事诉讼监督意见中涉及虚假诉讼的9700余件。

做实行政检察监督。2022年，检察机关办结行政生效裁判监督案件1.9万件。其中，向法院提出抗诉170余件；法院再审改变100余件，占审结数的79.2%。提出再审检察建议460余件，法院同期裁定再审341件，采纳率73.3%。对行政审判活动违法行为提出检察建议1.4万件，法院同期采纳率99.98%。对行政执行活动违法行为提出检察建议3.6万件，法院同期采纳率99.9%。

塑造亲清检律关系，共促司法公正。与司法部、全国律协建立年度会商机制，联合出台意见，尊重、保障律师依法执业，规范检律交往行为。全面推开律师互联网阅卷，试点律师异地阅卷。针对执法司法中阻碍律师依法执业问题，依法予以监督纠正。

——拓展公益诉讼，以能动检察守护公共利益。

办案规模稳步增长，积极稳妥拓展履职范围。2022年，检察机关受理公益诉讼线索21.2万件，立案19.5万件。其中，民事公益诉讼类立案2.9万件，行政公益诉讼类立案16.6万件。

把诉前实现维护公益目的作为最佳司法状态。开展行政诉前程序12.7万件。经过诉前程序，行政机关纠正或履行职责占比达到99.8%。诉前整改率保持高位，诉前整改实现保护公益目的作用凸显，以最小的司法投入获得最佳社会效果。

以提起诉讼推动公益问题解决。对检察建议不能得到落实，未真正整改、公益持续受损符合起诉条件的案件，依法提起诉讼1.3万件，法院同期作出一审裁判9900余件，判决支持率99.97%，一审裁判支持率维持高位。

履行公共利益代表职责，恢复受损公益成效显著。通过公益诉讼督促保护、收回国家所有财产和权益28.6

亿元，挽回、督促修复、清理林地、耕地、湿地、草原41.3万余亩，督促查处、回收假冒伪劣食品、假药、走私药品900余吨，督促清理固体废物、生活垃圾498.3万吨。

（三）公安工作

2022年，全国公安机关深入贯彻落实习近平总书记关于新时代公安工作的重要论述，牢牢把握对党忠诚、服务人民、执法公正、纪律严明总要求，忠实履行捍卫政治安全、维护社会安定、保障人民安宁的新时代使命任务，推动各项工作取得新成效。

——依法严厉打击突出违法犯罪。完善办案制度规范，公安部联合有关部门出台《关于办理妨害文物管理等刑事案件若干问题的意见》《关于依法惩治侵害英雄烈士名誉、荣誉违法犯罪的意见》《关于依法惩治妨害国（边）境管理违法犯罪的意见》等文件，为打击突出违法犯罪提供遵循。常态化推进扫黑除恶斗争，共打掉涉黑组织及恶势力犯罪集团1690个，抓获犯罪嫌疑人2.3万名，查缴涉案资产375.5亿元。严厉惩治毒品违法犯罪，开展“清源断流”行动，破获毒品犯罪案件3.5万起，抓获犯罪嫌疑人5.3万名，缴获各类毒品21.9吨。公安部会同有关部门开展打击治理跨境赌博专项行动，侦办相关犯罪案件4.2万起，打掉网络赌博平台5900余个、非法支付平台和地下钱庄2900余个。依法严厉打击治理电信网络诈骗犯罪，推动出台反电信网络诈骗法，深入推进打防管控宣各项措施，电信网络诈骗案件快速上升的势头得到有效遏制。扎实推进“净网2022”专项行动，对严重危害网络秩序和群众权益的突出违法犯罪和网络乱象发起凌厉攻势，侦办网络犯罪案件8.3万起。深入推进新一轮打击防范文物犯罪专项行动，2020年9月至2022年12月共侦破文物犯罪案件5621起，追缴文物10万件，取得前所未有的显著成效。公安部组织召开国务院反拐部际联席会议，会同国务院反拐部际联席会议成员单位印发《〈中国反对拐卖人口行动计划（2021—2030年）〉实施细则》，会同有关部门开展打击拐卖妇女儿童犯罪专项行动，推动构建“党委领导、政府负责、部门联动、社会协同、公民参与、法治保障、科技支撑”反拐工作新格局。深入推进“昆仑2022”专项行动，严厉打击食药环和知识产权领域犯罪活动，破获刑事案件8.4万起。深入开展欺诈骗保专项整治，累计追缴医保基金10亿余元，打掉团伙541个，惩处医药机构300个，切实看护好人民群众的“看病钱”“救命钱”。

——持续提升社会管理服务水平。坚持“人民至上、安全第一”理念，统筹推进安保警卫和社会面整体防控，为党的二十大、北京冬奥会冬残奥会等重大活动提供高水平安全保障。落实高效统筹疫情防控和经济社会发展要求，推出服务经济社会发展助力稳住经济大盘10项重点措施，有效助力“六稳”“六保”。建成公安部“互联网+公安政务服务”平台2.0，上线公安行政权力事项170项、高频公安便民服务事项44项。持续推进派出所“两队一室”[①]“一村（格）一警”等机制模式，全国1.2万个警力较多的派出所规范“两队一室”设置，全国设立社区（驻村）警务室19.5万个，配备社区民警22.3万人，基层防范和治理水平不断提升。深入开展针对电信网络诈骗的预警反制，建立分级联动劝阻机制，直接推送全国预警指令2.4亿条，避免1.7亿名群众受骗，拦截诈骗电话18.2亿次、诈骗短信21.5亿条，封堵涉诈域名网址347.8万个，有力守护群众财产安全。

——持续推进执法规范化建设。加快推进公安立法项目，人民警察法（修订）、治安管理处罚法（修订）、道路交通安全法（修订）等重点立法项目取得新进展。开展新一轮全国公安机关执法示范单位选树工作，命名60个县级公安机关、89个基层所队和20个行业公安和移民管理单位为执法示范单位，打造公安执法工作的

---

① “两队一室”：两队即社区警务队、执法办案队，一室即综合指挥室。“两队一室”是首都北京公安机关创新推出的基层派出所改革模式，社区警务队是社区服务和警情处置前沿阵地，执法办案队紧盯辖区高发警情，综合指挥室展开警情研判，提高基层办案效率。

“金招牌”。持续深化执法信息化建设，推动全国执法办案数据汇聚融合。深入学习贯彻全国公安系统英雄模范立功集体表彰大会精神，激发全警履职担当、干事创业的工作热情。深化全警实战大练兵，组织开展多载体多层次多形式的执法培训，持续推进执法主体能力建设。公安部党委印发《关于加强和改进新时代公安人才工作的实施意见》，健全完善专家人才库，全面加强公安法制人才培养。深化基层所队法制员建设，进一步推动向基层所队派驻法制员、在基层派出所配备专职法制员，发挥好法制队伍在案件审核、执法监督、参与专案等工作中的积极作用。

——持续规范执法权力运行。公安部联合最高人民法院、最高人民检察院、国家安全部修订并印发《关于取保候审若干问题的规定》，联合最高人民检察院修订并印发《关于公安机关管辖的刑事案件立案追诉标准的规定（二）》，制定《公安机关反有组织犯罪工作规定》等，全面规范各领域各环节执法活动。开展地方优秀执法制度评选，评选出67件优秀执法制度，要求各地学习借鉴。

（四）司法行政工作

——监狱工作。着力推动《关于加强减刑、假释案件实质化审理的意见》落地落实，加强对拟减刑、假释罪犯悔改表现、立功表现实质性审查。加快推动出台关于依法推进假释制度适用的指导意见、关于进一步规范暂予监外执行工作的意见。督促各地制定计分考核罪犯工作实施细则，为法治监狱建设提供制度支撑。加强同法院检察院协作配合，推进办案平台信息共享互通，自觉接受驻监检察和巡回检察监督。出台《罪犯健康档案管理办法（试行）》等文件，监狱工作法治化建设取得新进展。

——社区矫正工作。深入贯彻落实社区矫正法，不断完善社区矫正体制机制，基本实现省、市、县、乡四级社区矫正委员会全覆盖，完善社会力量参与机制和与部门衔接配合机制，加强社区矫正机构队伍建设，全面推进社区矫正规范化、精细化、智能化建设。截至2022年底，全年新接收社区矫正对象53.0万人，办理解除矫正56.6万人，现有社区矫正对象62.9万人。全国已累计接收社区矫正对象649.9万人，累计解除586.9万人。

——司法行政戒毒工作。严格贯彻落实禁毒法和《戒毒条例》，不断提高司法行政戒毒工作规范化、科学化、现代化水平。完善戒毒医疗、教育矫正、心理矫治、康复训练四位一体的教育戒治工作标准体系，优化拓展教育戒治“个十百千”工程[①]。统筹推进所内

---

① “个十百千”工程是指以“建设1个教育矫治资源库，培育10个优势教育戒治项目，建立100人的教育矫治专家团队，精选1000个优秀戒毒案例”为主要内容的“个十百千”教育戒治工程。

戒治和社会化延伸，巩固完善场所医疗工作。稳步推进“智慧戒毒”建设，深入开展戒毒宣传。截至2022年底，共有司法行政戒毒场所383个，累计收治165.83万人。

——律师工作。建成全国律师执业诚信信息公示平台，展示52万名专、兼职律师和3.8万家律师事务所基本信息和执业过程中产生的诚信信息。组织动员14个省（直辖市）46家律师事务所到西藏、青海等6省（自治区）46个“无律师县”设立分所，基本解决全国“无律师县”问题。截至2022年底，共有律师事务所3.86万多家，律师65.16万人。

——公证、法律援助和仲裁工作。2022年，共办理公证1104万余件，共有公证员1.4万余名。修订《办理法律援助案件程序规定》《法律援助投诉处理办法》等，完善法律援助制度。2022年，共组织办理各类法律援助案件230万余件，提供法律咨询1980万人次，服务受援人240万人次。推动中国仲裁协会登记成立。截至2022年底，共有277家仲裁机构，共处理民商事案件47.5万余件，案件标的额9860多亿元。

——人民调解和司法所工作。部署开展矛盾纠纷排查化解专项活动。司法部联合最高人民法院、人力资源和社会保障部、中华全国工商业联合会印发《商会调解培育培优行动方案（2022—2023）》，联合最高人民法院、人力资源和社会保障部、中央政法委、工业和信息化部等9部门印发《关于进一步加强劳动人事争议协商调解工作的意见》，加强商会和劳动争议调解工作。截至2022年底，共有人民调解委员会69.3万个，人民调解员317.6万名。2022年，排查矛盾纠纷667万次，调解矛盾纠纷892.3万件。启动司法所规范化建设三年行动，充分发挥司法所在推进基层法治建设中的职能作用。截至2022年底，共有司法所3.9万个，工作人员15万余人。

——国家统一法律职业资格考试工作。统筹做好2022年全国客观题考试组织实施工作，应考人员80.9万余人，实际参考57.4万余人。顺利完成2021年考试成绩合格人员法律职业资格审核认定工作，共授予16.9万余人法律职业资格。

——司法鉴定工作。司法部联合国家市场监督管理总局印发《司法鉴定资质认定能力提升三年行动方案(2022—2024年)》，制定《司法鉴定机构内部复核工作规定（试行)》。遴选183名专家组建全国司法鉴定专家库，完成法医类、物证类和声像资料司法鉴定机构和司法鉴定人全面评查。截至2022年底，司法行政机关登记管理的司法鉴定机构共2837家，鉴定人3.6万余人。

——人民陪审员和人民监督员工作。完善人民陪审员选任机制，截至2022年底，共有人民陪审员33.2万人。推动完善人民监督员制度，完成第二届人民监督员选任。截至2022年底，共有人民监督员2.4万人，监督检察机关办案活动12.6万件次。

五、关于人权法治保障

2022年，中国继续推进人权事业。2月，中共中央政治局就中国人权发展道路进行第三十七次集体学习。习近平总书记在主持学习时强调，尊重和保障人权是中国共产党人的不懈追求。党的百年奋斗史，贯穿着党团结带领人民为争取人权、尊重人权、保障人权、发展人权而进行的不懈努力。要深刻认识做好人权工作的重要性和紧迫性，坚定不移走中国人权发展道路，更加重视尊重和保障人权，更好推动我国人权事业发展。《求是》杂志2022年第12期发表习近平总书记重要文章《坚定不移走中国人权发展道路，更好推动我国人权事业发展》。5月，《习近平关于尊重和保障人权论述摘编》英汉对照版由中央编译出版社出版发行。10月，习近平总书记在党的二十大报告中指出，要坚持走中国人权发展道路，积极参与全球人权治理，推动人权事业全面发展。

（一）健康权保障

2022年，以习近平同志为核心的党中央高度重视疫情防控，全面加强对防控工作的集中统一领导，坚持人民至上、生命至上，因时因势动态优化调整防控措施，不断提高科学精准防控水平。截至2022年12月21日，31个省（自治区、直辖市）和新疆生产建设兵团累计报告接种新冠病毒疫苗346512.3万剂次，3岁以上人群全程接种率超过90%。随着病毒变异、疫情变化、疫苗接种普及和防控经验积累，疫情防控进入新阶段，国务院应对新型冠状病毒感染疫情联防联控机制综合组发布通知，自2023年1月8日起对新型冠状病毒感染实施“乙类乙管”，工作重心从“防感染”转向“保健康、防重症”，要求抓实抓细医疗救治资源准备，着力做好群众用药需求，全力做好老年人、儿童等重点人群的防护和救治，特别是强化老年人疫苗接种和健康管理，切实加强农村地区疫情防控。

（二）劳动者权益保障

4月，十三届全国人大常委会第三十四次会议决定，批准1930年6月28日在日内瓦举行的第14届国际劳工大会上通过的《1930年强迫劳动公约》，批准1957年6月25日在日内瓦举行的第40届国际劳工大会上通过的《1957年废除强迫劳动公约》。此两项公约作为国际劳工组织核心公约，是消除强迫劳动领域最重要的国际法律文书。自主批准这两项公约，再次表明中国政府保护劳动者权益、反对和打击强迫劳动的坚定立场。

8月，人力资源和社会保障部、中华全国总工会等多部门联合印发《关于做好高温天气下劳动者权益保障工作的通知》，要求各级协调劳动关系三方指导和督促用人单位合理安排劳动者在高温天气下的户外工作时间，尽量避开酷热时段作业，适当增加劳动者休息时间和轮换班次，尽量缩短室外连续工作时间。同月，人力资源和社会保障部、最高人民法院发布《关于加强行政司法联动保障新冠肺炎康复者等劳动者平等就业权利的通知》，再次重申严格禁止歧视新冠肺炎康复者等劳动者，并就加强就业歧视案件审理工作作出部署。

10月，人力资源和社会保障部、中央政法委等9部门发布《关于进一步加强劳动人事争议协商调解工作的意见》，着力强化协商调解力度，健全多元处理机制，推动最大限度以协商调解等方式柔性化解争议，降低劳动者维权成本。

（三）受教育权保障

1月，国务院办公厅转发教育部等部门的《“十四五”特殊教育发展提升行动计划》，部署各地按照扩展学段服务、推进融合教育、提升支撑能力的基本思路，加快健全特殊教育体系，不断完善特殊教育保障机制，全面提高特殊教育质量。

4月，国务院教育督导委员会印发《关于公布通过义务教育均衡发展国家督导评估认定县（市、区、旗）名单的决定》，公布广西、西藏、四川、新疆、内蒙古、甘肃6省份的94个县正式通过义务教育基本均衡发展国家督导评估认定，标志着31个省（自治区、直辖市）和新疆生产建设兵团的2895个县都实现了县域义务教育基本均衡发展。这是继全面实现“两基”（基本普及九年义务教育和基本扫除青壮年文盲）后，我国义务教育发展中的又一重要里程碑。

8月，教育部发布《中国职业教育发展白皮书》，向世界介绍中国职业教育发展经验，指出2012年以来，中国政府把职业教育作为与普通教育同等重要的教育类型，不断加大政策供给、创新制度设计，加快建设现代职业教育体系，构建多元办学格局和现代治理体系。

11月，教育部印发《特殊教育办学质量评价指南》，提出遵循特殊儿童成长规律和特殊教育发展规律，加快建立以适宜融合为目标的特殊教育办学质量评价体系，并明确政府履行职责、课程教学实施、教师队伍建设、学校组织管理、学生适宜发展五方面评价内容。

（四）特定群体权益保障

——未成年人权益保护。5月，中央精神文明建设指导委员会办公室、文化和旅游部、国家广播电视总局、国家互联网信息办公室印发《关于规范网络直播打赏 加强未成年人保护的意见》，提出禁止未成年人参与直播打赏、严控未成年人从事主播、优化升级“青少年模式”、建立专门服务团队、规范重点功能应用、加强高峰时段管理、加强网络素养教育等工作举措。同月，最高人民法院、最高人民检察院、公安部、司法部出台《关于未成年人犯罪记录封存的实施办法》，尽可能降低轻罪前科对未成年人回归社会的影响，促使其悔过自新，重回正轨。11 月，中国儿童福利和收养中心发布《中国未成年人保护发展报告蓝皮书（2022）》，全面回顾未成年人保护工作百年发展历程，深入分析我国未成年人保护工作在儿童权利观念、养育质量、社会文化、市场机制、人口流动、工作力量、法律法规等方面面临的挑战，并作出未来规划。同月，最高人民法院联合最高人民检察院、教育部发布《关于落实从业禁止制度的意见》，提出要按照最有利于未成年人的原则，依法严格执行犯罪教职员工从业禁止制度，对司法保护与学校保护、社会保护的衔接作出规定，为净化校园环境、加强师德师风建设、切实保护未成年人提供强有力的司法保障。

——妇女权益保护。2 月，最高人民检察院联合中华全国妇女联合会下发通知，开展“关注困难妇女群体，加强专项司法救助”专项活动，围绕“凡是符合救助条件的困难妇女，均应当及时提供救助帮扶”的活动目标，丰富救助手段，加大救助力度，帮助解决困难妇女及其家庭急难愁盼问题，不断增强人民群众的获得感、幸福感、安全感。10月，十三届全国人大常委会第三十七次会议表决通过新修订的妇女权益保障法，为经济社会发展当下妇女面对的新情况、新问题细化法律解决路径，强化司法救济手段。11月，最高人民检察院联合中华全国妇女联合会发布妇女权益保障检察公益诉讼典型案例10件，紧紧围绕妇女权益保障法列举的公益诉讼条款内容，聚焦妇女劳动和社会保障、人身和人格、财产等方面的权益保障，更加注重对妇女权益的全方位保护、对侵害妇女权益问题的全链条治理。

——老年人权益保护。2月，最高人民检察院发布维护老年人合法权益民事监督典型案例7件，涉及行政生效裁判监督、行政违法行为监督、行政争议实质性化解等案件类型，对检察机关依法履行行政检察职能和维护公民、法人和其他组织的合法权益，特别是高度关注和加强对老年人合法权益的有效保护具有重要作用。8月，最高人民法院发布养老诈骗犯罪典型案例6件，进一步明确6类重点打击犯罪的表现形式，揭露养老诈骗“套路”手段及危害，帮助老年人提高法治意识和识骗防骗能力，有力推进打击整治养老诈骗专项行动。2022年，全国检察机关批准逮捕各类养老诈骗犯罪7594人，起诉8516人。10月，民政部、中央政法委等10部门联合印发《关于开展特殊困难老年人探访关爱服务的指导意见》，明确探访关爱服务是政府主导，社会共同参与，通过定期上门入户、电话视频、远程监测等方式，了解掌握特殊困难老年人居家生活情况，支持赡养人、扶养人履行赡养、扶养义务，并根据实际需要提供政策宣传讲解、需求转介和必要救援等服务。

——残疾人权益保护。1月，国务院办公厅印发《国家残疾预防行动计划（2021—2025年）》，对进一步加强残疾预防，有效减少和控制残疾发生、发展，保障人民群众生命安全和身体健康作出部署。3月，国务院新闻办公室发表《中国残疾人体育事业发展和权利保障》白皮书，指出保障残疾人权益、发展包括体育在内的残疾人事业，是中国人权事业的重要组成部分。残疾人体育事业的蓬勃发展，标志着中国残疾人事业上了一个大台阶，是中国人权理论和实践发展成就的生动写照。4月，国务院办公厅印发《促进残疾人就业三年行动方案（2022—2024年）》，对当前和今后一个时期加快推进残疾人就业工作，实现“十四五”时期残疾人较为充分较高质量的就业目标作出部署，明确2022—2024年开展促进残疾人就业专项行动的任务目标、主要措施和保障条件等内容。5月，《关于为盲人、视力障碍者或其他印刷品阅读障碍者获得已出版作品提供便利的马拉喀什条约》对中国生效，中国成为该条约的第85个缔约方，展现了中国大力发展残疾人事业、充分尊重人权的国际形象。8月，国家版权局印发《以无障碍方式向阅读障碍者提供作品暂行规定》，对以无障碍方式向阅读障碍者提供作品的版权秩序加以规范，进一步推动著作权法和马拉喀什条约有效实施，保障阅读障碍者的文化权益。11月，中国残疾人联合会、教育部等7部门联合印发《残疾人中等职业学校设置标准》，明确设置残疾人中等职业学校的基本原则和管理、教育教学等方面的要求，不断提升残疾人发展能力、发展机会和发展环境。

(五) 司法程序中的人权保障

1月，司法部印发《全国公共法律服务体系建设规划（2021—2025年)》，明确将进城务工人员、残疾人、老年人、青少年、妇女和军人军属、退役军人等作为公共法律服务的重点服务对象。

3月，最高人民法院、中华全国妇女联合会等7部门联合发布《关于加强人身安全保护令制度贯彻实施的意见》，从贯彻实施原则、各部门具体职责、协助执行义务等各方面作出规定，切实维护家庭暴力受害人的合法权益。

4月，最高人民法院发布《关于修改〈最高人民法院关于审理人身损害赔偿案件适用法律若干问题的解释〉的决定》，将残疾赔偿金、死亡赔偿金以及被扶养人生活费由原来的城乡区分的赔偿标准修改为统一采用城镇居民标准计算，统一城乡居民赔偿标准，兼顾城镇居民受害者和农村居民受害者的整体情况，更为充分地保护人民群众合法权益。

7月，最高人民法院发布《关于办理人身安全保护令案件适用法律若干问题的规定》，进一步解决人身安全保护令在实践中申请、举证、认定、执行等环节的难题。

9月，最高人民法院、最高人民检察院、公安部、国家安全部联合修订并印发《关于取保候审若干问题的规定》，规范适用取保候审，保障刑事诉讼顺利进行，保护公民合法权益。检察机关继续开展羁押必要性审查专项活动，将专项活动范围扩大至全部在办羁押案件。

12月，最高人民检察院发布依法惩治侵犯公民个人信息犯罪典型案例5件，涵盖对公民征信信息、生物识别信息、行踪轨迹信息、健康生理信息等不同类型个人信息的全面保护，体现依法从严惩治侵犯公民个人信息犯罪的政策导向。

（六）人权领域的国际交流与合作

2月，国务委员兼外长王毅以视频方式出席联合国人权理事会第49届会议高级别会议，发表题为《坚持公平正义，推动全球人权事业健康发展》的致辞，指出中方主张做保护人权的真正践行者，做人民利益的忠实守护者，做共同发展的积极贡献者，做公平正义的坚定维护者。同月，联合国人权理事会第49届会议中方边会“当代人权：对普世性和全球性的反思”举行。会议指出，各国需要开展广泛合作，携手共建人类命运共同体。

3月，中国常驻联合国日内瓦办事处和瑞士其他国际组织代表陈旭在联合国人权理事会第49届会议代表40余国作共同发言，呼吁联合国人权高专办加大对经社文权利和发展权的投入，通过建设性对话与合作促进伙伴关系，反对将人权作为政治工具的做法。同月，联合国人权理事会第49届会议举行新冠疫苗获取问题专题讨论会。中国代表表示，全球抗疫当务之急是破解疫苗赤字，消除“疫苗鸿沟”。

5月，中国代表在联合国人权理事会发展权政府间工作组第23次会议上发言，强调发展对人权的促进作用，呼吁国际社会重视发展问题，积极落实全球发展倡议，强调各国应充分发挥发展对享有所有人权的贡献，坚持以人民为中心的发展思想，做到发展为了人民、发展依靠人民、发展成果由人民共享。

7月，中国人权研究会和中国人权发展基金会共同主办“2022·北京人权论坛”。与会代表围绕“公平公正合理包容：携手推动人权事业发展”的主题进行深入研讨，为推动全球人权事业发展交流有益经验，共商合作大计，贡献思想智慧。

8月，中国政府代表团就中国执行《残疾人权利公约》情况接受联合国残疾人权利委员会的审议，指出中国是该公约的积极倡导者、坚定支持者和履行者，中国通过认真履行该公约，有力地维护了残疾人的权益，改善了残疾人的生活，中国将继续促进残疾人事业全面发展，推动8500万残疾人过上更幸福而有尊严的生活。审议过程中，委员们对中国残疾人事业发展成就及履约情况予以肯定。

六、关于知识产权保护

2022 年，中国扎实推进知识产权保护法治建设工作，取得积极进展。

（一）不断完善法律体系

2022 年，中国知识产权法律法规不断完善。修改后的科学技术进步法、种子法施行。反垄断法修改并施行。持续推进电子商务法、《中华人民共和国专利法实施细则》修改工作。推进《中华人民共和国植物新品种保护条例》首次全面修订论证。推进商标法、《中华人民共和国商标法实施条例》、《中华人民共和国著作权法实施条例》、《著作权集体管理条例》修改论证。

（二）持续加强审查登记

——专利方面。2022 年，中国发明专利授权 79.8 万件，同比增长 14.7%；实用新型专利授权 280.4 万件，同比下降 10.1%；外观设计专利授权 72.1 万件，同比下降 8.2%。截至 2022 年底，中国发明专利有效量为 421.2 万件，同比增长 17.1%。其中，国内（不含港澳台地区）发明专利有效量为328.0万件，同比增长21.3%；实用新型专利有效量为1083.5万件，同比增长17.2%；外观设计专利有效量为283.2万件，同比增长9.7%。2022年，中国受理《专利合作条约》国际专利申请7.4万件，同比增长1.4%。其中，国内申请人提交6.9万件，同比增长1.1%。

——商标方面。2022年，中国商标注册量为617.7万件，同比下降20.2%。截至2022年底，中国有效注册商标量为4267.2万件，同比增长14.6%。2022年，中国收到国内申请人提交的马德里商标国际注册申请5827件，在马德里联盟中排名第三。截至2022年底，中国申请人马德里商标国际注册累计有效量达5.24万件。2022年，外国申请人指定中国的马德里领土延伸申请达2.49万件（一件商标多个类别），中国完成马德里领土延伸申请实质审查6.02万类。

——著作权方面。2022年，中国著作权登记总量为635.31万件，同比增长1.42%。其中，作品登记总量为451.74万件，同比增长13.39%；计算机软件著作权登记总量为183.53万件，同比下降19.50%。

——地理标志方面。2022年，中国新批准保护地理标志产品5个，核准地理标志作为集体商标、证明商标注册514件，核准使用地理标志专用标志市场主体6373家。截至2022年底，中国累计批准保护地理标志产品

2495个，累计核准地理标志作为集体商标、证明商标注册7076件，累计核准使用地理标志专用标志市场主体23484家。

——官方标志、特殊标志、奥林匹克标志方面。2022年，中国核准健康中国行动、杭州2022年亚运会、中国载人航天系列飞行任务有关特殊标志登记31件，备案中国载人航天官方标志2件，公告保护北京2022年冬奥会奥林匹克标志8件。同时，做好杭州2022年亚运会会徽“潮涌”和珠海航展会徽特殊标志延期工作，支持赛后北京2022年冬奥会和冬残奥会有关奥林匹克标志权利人变更，推动常态化保护。

——集成电路布图设计方面。2022年，中国集成电路布图设计登记申请量为14403件，同比下降29.2%；集成电路布图设计发证9106件，同比下降30.4%。

——植物新品种方面。2022年，中国受理农业植物新品种权申请11199件，同比增长15.20%。其中，境内主体占95.44%，境外主体占4.56%。全年授予农业植物新品种权3375件，同比增长4.88%。其中，境内主体占93.51%，境外主体占6.49%。2022年，中国受理林草植物新品种权申请1828件。其中，国内申请人占90.21%，国外申请人占9.79%。授权651件。其中，国内品种权人占76.96%，国外品种权人占23.04%。截至2022年底，累计受理林草植物新品种权申请8836件，授权4055件。

——海关保护备案方面。2022年，中国受理知识产权海关保护备案申请23412件，审核通过备案21356件，同比增长20.9%。其中，国内权利人备案15091件，同比增长28.6%。办理注销备案申请779件，办理备案撤销34件。受理知识产权保护系统权利人用户注册申请4342件，审核通过备案用户3935件。

（三）进一步加强行政保护

——强化专利行政保护。2022年，各级市场监管部门共查处专利违法案件0.57万件，案值1.85亿元，罚没金额0.14亿元。其中，假冒专利案件0.37万件，案值1.79亿元。各级知识产权管理部门共办理专利侵权纠纷行政案件5.8万件，同比增长16.8%。国家知识产权局审结首批2件重大专利侵权纠纷行政裁决案件和70件药品专利纠纷早期解决机制行政裁决案件。

——强化商标行政保护。2022年，各级市场监管部门共查处商标违法案件3.75万件，案值14.48亿元，罚没金额5.94亿元。其中，商标侵权假冒案件3.14万件，案值7.34亿元，罚没金额5.29亿元。从快从严从重对1700余件恶意抢注北京2022年冬奥会和冬残奥会、卡塔尔世界杯相关热词的商标予以打击。

——强化版权行政保护。开展北京2022年冬奥会版权保护集中行动、青少年版权保护季行动、打击院线电影盗录传播专项工作、“剑网2022”专项行动，重点整治非法传播冬奥会赛事节目行为、危害青少年权益的侵权盗版行为、电影盗录传播违法犯罪行为。2022年，各级版权执法部门共检查实体市场单位50.7万家次，查办侵权盗版案件3378件，移送司法机关174件，涉案金额达12.58亿元。其中，查办网络侵权盗版案件1180件，移送司法机关87件，删除侵权盗版链接84.62万条，关闭侵权盗版网站（APP）1692个，处置侵权账号1.54万个。

——强化反不正当竞争行政保护。紧盯农产品、抗疫防护用品、食品等重要商品，以及技术、数据等重要要素市场，打击商业标识仿冒混淆行为，加强商业秘密保护。2022年，各级市场监管部门共查处不正当竞争案件9069件，罚没金额6.2亿元。其中，仿冒混淆案件703件，罚没1703万元；侵犯商业秘密案件69件，罚没496万元。截至2022年底，累计建立6535个商业秘密保护示范基地、维权联系点和示范企业。

——强化植物新品种行政保护。开展2022年打击制售假劣林草种苗和侵犯植物新品种权专项行动，共查处假冒伪劣、无证、超范围经营、未按要求备案、无档案等林草种苗违法案件217件，罚没金额113万余元。其中，生产经营假劣林草种苗案件37件，罚没金额近50

万元。

(四) 稳步推进司法保护

——稳步推进知识产权审判工作。2022年，最高人民法院新收知识产权民事案件3786件，审结3073件，比2021年分别下降10.77%和13.61%；新收知识产权行政案件1456件，审结1542件，比2021年分别下降48.95%和38%。地方各级人民法院新收知识产权民事一审案件438480件，审结457805件，比2021年分别下降20.31%和11.25%；新收知识产权行政一审案件20634件，审结17630件，比2021年分别上升0.35%和下降8.85%；新收侵犯知识产权刑事一审案件5336件，审结5456件，比2021年分别下降14.98%和9.76%。

——加大知识产权刑事犯罪打击力度。2022年，公安机关破获侵犯知识产权和制售伪劣商品犯罪案件2.7万件。坚持对各类经营主体依法平等保护，侦破一批侵犯知识产权的大要案件。2022年，检察机关起诉侵犯知识产权犯罪12589万人。其中，涉及假冒注册商标犯罪4800余人，涉及销售假冒注册商标的商品犯罪4600余人。

——加强知识产权诉讼监督工作。检察机关及时纠正知识产权刑事犯罪领域有案不移、有案不立、立案不当、以罚代刑、裁判不公等问题。2022年，建议行政执法机关移送431人，同比上升40.8%；监督公安机关立案341件，同比上升14%。推进知识产权检察职能集中统一履行，受理知识产权民事监督案件730余件，提出抗诉、再审检察建议80件；受理知识产权行政监督案件200余件，打好服务创新驱动发展“组合拳”。

（五）积极开展国际合作

——积极参与多双边磋商，构建更完善国际条约协定。2月，中国向世界知识产权组织（WIPO）正式提交《工业品外观设计国际注册海牙协定》《关于为盲人、视力障碍者或其他印刷品阅读障碍者获得已出版作品提供便利的马拉喀什条约》加入书。5月5日，《工业品外观设计国际注册海牙协定》和《关于为盲人、视力障碍者或其他印刷品阅读障碍者获得已出版作品提供便利的马拉喀什条约》正式生效。推进《保护广播组织条约》《保护传统文化表现形式条约》，以及与日本和韩国、尼加拉瓜、以色列、海湾阿拉伯国家合作委员会等的自由贸易协定中知识产权议题谈判进程。商务部联合国家发展和改革委员会等6部门印发《关于高质量实施〈区域全面经济伙伴关系协定〉（RCEP）的指导意见》，提出要加强知识产权保护。深入研究《全面与进步跨太平洋伙伴关系协定》知识产权章节，积极阐述中方开放立场，推动对接国际高标准知识产权规则。积极推进落实中欧、中法、中泰等地理标志保护方面的协定、协议。

——积极参与国际会议论坛，贡献更多中国方案。持续巩固与世界知识产权组织（WIPO）、世界贸易组织（WTO）等国际组织在知识产权方面的交流合作，参加相关成员国大会及地区会议。WIPO总干事邓鸿森应邀出席北京2022年冬奥会开幕式等一系列外事活动。与WIPO共同举办知识产权与传统知识和遗传资源国际专题研讨会，将会议形成的事实性报告提交至知识产权与遗传资源、传统知识和民间文学艺术政府间委员会（IGC）第47届会议。配合开展WTO关于新冠疫苗知识产权豁免的磋商谈判。主办第14届金砖国家知识产权局局长会。参加中美欧日韩知识产权五局（IP5）局长会议、中美欧日韩商标五局合作（TM5）和中美欧日韩外观设计五局合作（ID5）年度会议、中国-东盟知识产权局局长会。与欧洲专利局、欧盟知识产权局、欧亚专利局，以及日本、韩国、荷兰、吉尔吉斯斯坦、老挝等国家和地区知识产权机构举行局长会谈。组织召开与瑞士、欧盟、俄罗斯等贸易伙伴的双边知识产权工作组会议。举办中日、中英、中韩、中欧版权会谈。

——积极推进知识产权领域国际合作培训。继续开展“一带一路”知识产权硕士学位教育项目，共招录14个国家的30名学员。举办“一带一路”知识产权线上培训班，16个国家和地区的101名知识产权官员参加培训。首次举办中国－东盟菁英奖学金项目下的“一带一路”知识产权能力建设在线培训班，来自东盟的27名知识产权官员参加培训。举办面向非洲和拉美地区的知识产权培训班，为哥斯达黎加举办特定领域审查培训班。推荐专家为非洲、“一带一路”沿线等发展中国家海关相关人员授课，加强中国海关知识产权保护理念和制度输出。以“植物新品种保护”为主题，举办发展中国家植物新品种保护研修班，打造援外培训“精品班”“打样班”。

七、关于生态文明法治建设

2022年，中国生态文明法治建设成效显著。各职能部门紧密围绕党中央关于生态文明法治建设的战略部署，不断提升环境治理能力，完善环境治理体系，齐心合力为构建人与自然和谐共生的美丽中国不懈奋斗。

（一）生态文明立法

——制定一批指导性文件。2月，中共中央、国务院发布《关于做好2022年全面推进乡村振兴重点工作的意见》，提出要推进农业农村绿色发展，接续实施农村人居环境整治提升五年行动，扎实开展重点领域农村基础设施建设。4月，中共中央、国务院印发《关于加快建设全国统一大市场的意见》，从打造统一的要素和资源市场等六方面提出建设全国统一的能源市场、培育发展全国统一的生态环境市场等23项要求。5月，中共中央办公厅、国务院办公厅印发《乡村建设行动实施方案》，将“节约资源、绿色建设”确立为乡村建设的工作原则之一，要求树立绿色低碳理念，促进资源集约节约循环利用，推行绿色规划、绿色设计、绿色建设，实现乡村建设与自然生态环境有机融合；同月，国务院办公厅印发《新污染物治理行动方案》，提出要建立生态环境部牵头，国家发展和改革委员会、科学技术部、国家卫生健康委员会等部门参加的新污染物治理跨部门协调机制，统筹推进新污染物治理工作。

——制定、修改一批环境资源领域法律法规和规章。

法律方面。制定黑土地保护法、黄河保护法，修订野生动物保护法、噪声污染防治法。

行政法规和部门规章方面。4月，生态环境部公布《尾矿污染环境防治管理办法》，加强对尾矿的污染环境防治及监督管理。5月，农业农村部、自然资源部、生态环境部、海关总署联合公布《外来入侵物种管理办法》，明确坚持风险预防、源头管控、综合治理、协同配合、公众参与，突出重点领域和关键环节，建立健全管理制度，强化联防联控、群防群治，全面提升外来入侵物种管理水平。9月，农业农村部公布修订后的《动物检疫管理办法》，对强化基层动物检疫力量、优化工作机制作出细化规定。11月，生态环境部公布《环境监管重点单位名录管理办法》，明确重点排污单位、重点监管单位等环境监管重点单位的筛选条件，规范名录确定和发布程序。12月，生态环境部联合工业和信息化部等6部门公布《重点管控新污染物清单（2023年版）》，依法对重点管控新污染物实施监督管理。

地方性法规方面。1月，宁夏回族自治区十二届人大五次会议通过《宁夏回族自治区建设黄河流域生态保护和高质量发展先行区促进条例》，这是中国首部关于黄河流域生态保护和高质量发展的地方立法，也是促进先行区建设的统领性、综合性、创制性地方立法。9月，天津市十七届人大常委会第三十七次会议通过《天津市生态文明教育促进条例》，这是中国首部以促进生态文明教育为主旨的省级地方性法规，对天津市生态安全教育作出明确规定。同月，青海省十三届人大常委会第三十五次会议通过《青海省人民代表大会常务委员会关于批准〈海西蒙古族藏族自治州冷湖天文观测环境保护条例〉的决议》，这是中国首部关于暗夜星空保护的地方性法规，明确将冷湖天文观测环境区域划分为暗夜保护核心区和暗夜保护缓冲区，重点是保护夜间光学观测环境。

——制定修改一批技术规范和规范性文件。2022年，国家生态环境标准制修订持续保持较快步伐，共发布标准80项。其中，污染物排放标准5项，生态环境监测标准54项，生态环境基础标准4项，生态环境管理技术规范17项。截至2022年底，现行国家生态环境标准达到2305项，有效推动行业技术经济进步和产业结构优化升级。4月，生态环境部组织制定完成《“十四五”

生态环境标准工作方案》，进一步明确了“十四五”期间完善国家生态环境标准、发展地方生态环境标准的重点任务和工作措施。12月，农业农村部联合自然资源部等6部门组织制定并发布《重点管理外来入侵物种名录》，包含植物、昆虫、植物病原微生物、植物病原线虫、软体动物、鱼类、两栖动物、爬行动物8个类群59种。

（二）生态文明执法

——加强生态环境监测。3月，生态环境部印发《“十四五”生态保护监管规划》，这是中国首次制定生态保护的监管规划，旨在有序推进生态保护监管体系和监管能力现代化，守住自然生态安全边界，筑牢美丽中国根基。12月，生态环境部印发《生态保护红线生态环境监督办法（试行）》，规范和指导生态保护红线生态环境监督工作，维护和提升生态保护红线的生态环境保护成效，保障国家生态安全。全面加强生态环境监测体系建设，成功发射三颗生态环境卫星，稳步推进碳监测评估试点，组织开展全国农业面源污染监测评估试点、土壤污染重点监管单位周边监测试点。

——深化生态文明监管体制机制改革。7月，生态环境部办公厅印发《关于深入优化生态环境保护执法方式助力稳住经济大盘有关情况的通报》。通报指出，

2022 年，生态环境部指导地方各级生态环境部门实施监督执法正面清单制度，推行非现场监管，突出精准治污；制订现场检查计划，强化“双随机、一公开”监管制度，突出科学治污；建立执法事项目录，完善行政处罚自由裁量规则和基准，突出依法治污，不断严格执法责任，完善执法机制，全面提高执法效能。11 月，生态环境部联合最高人民法院等 18 家单位印发《关于推动职能部门做好生态环境保护工作的意见》，推动职能部门更好履行生态环境保护职责，形成工作合力。12 月，财政部出台《关于将森林植被恢复费、草原植被恢复费划转税务部门征收的通知》，明确自 2023 年 1 月 1 日起，将森林植被恢复费、草原植被恢复费划转至税务部门征收。

——扎实完成第二轮中央生态环境保护督察。组织对 5 个省（自治区）和新疆生产建设兵团开展例行督察，受理转办群众信访举报 1.18 万件，公开曝光一批典型案例，进一步压实地方党委和政府生态环境保护责任，取得“中央肯定、百姓点赞、各方支持、解决问题”的显著效果。第一轮督察和“回头看”整改方案中明确的 3294 项整改任务，总体完成率达到 97%；第二轮督察整改方案明确的 2164 项整改任务，总体完成率达到 60%。完成摄制 2022 年长江经济带生态环境警示片和黄河流域生态环境警示片，共交办地方各类突出生态环境问题234个。

——强化环境执法检查和惩罚。生态环境部联合最高人民检察院、公安部连续3年开展打击危险废物环境违法犯罪和重点排污单位自动监测数据弄虚作假违法犯罪专项行动。2022年，各地向公安机关移送涉嫌危险废物环境违法犯罪案件805件、涉嫌自动监测数据弄虚作假环境违法犯罪案件232件。2022年，各级生态环境部门共下达环境行政处罚决定书9.1万份，罚没款数额总计76.72亿元。持续开展生活垃圾焚烧发电行业达标排放专项整治，自2020年起，全国生活垃圾焚烧发电厂五项常规污染物和炉温达标率稳定在99%以上。搭建国家生态环境保护综合行政执法监管平台，不断推动卫星遥感、无人机、走航车等“空天地”一体化高科技装备综合运用，探索对4.5万余家企业纳入正面清单分类监管。生态环境部、交通运输部、水利部、农业农村部、中国科学院、国家林业和草原局、中国海警局联合组织开展“绿盾2022”自然保护地强化监督，组织对国家级自然保护区和国家级风景名胜区人类活动遥感监测发现的问题线索进行核实和查改。国家林业和草原局、农业农村部、中央政法委等11部门联合开展为期3个月的“2022清风行动”，查处一大批破坏野生动植物资源案件，严厉打击和有力遏制了野生动植物非法贸易活动，全面巩固禁食野生动物和长江十年禁渔等成果。

——深入推进生态环境损害赔偿工作。4月，经中央全面深化改革委员会审议通过，生态环境部联合最高人民法院等14家单位印发《生态环境损害赔偿管理规定》，推动生态环境损害赔偿制度在法治轨道上常态化、规范化、科学化运行。7月，生态环境部联合国家林业和草原局出台《生态环境损害鉴定评估技术指南　森林（试行）》，进一步完善生态环境损害鉴定评估技术标准体系。2018—2022年，全国累计办理生态环境损害赔偿案件约2.24万件，涉及赔偿金额约157亿元。2022年，新增案件约1.12万件，涉及赔偿金额约40亿元。

（三）生态文明司法

——出台一批环境资源司法文件。1月，最高人民法院发布《关于审理生态环境侵权纠纷案件适用惩罚性赔偿的解释》，详细规定了惩罚性赔偿的适用范围、适用要件、履行顺位，惩罚性赔偿数额的确定，当事人主张惩罚性赔偿的时点和具体请求等，为民法典第1232条的落实提供了更为具体的适用标准和裁判依据。4月，最高人民法院、最高人民检察院联合发布《关于办理破坏野生动物资源刑事案件适用法律若干问题的解释》，将定罪量刑的数量标准调整为价值标准，更好实现罪刑均衡；对破坏人工繁育野生动物资源案件作特殊考量，确保符合社会公众的一般认知；坚持综合裁量原则，确保宽严相济。5月，最高人民法院、最高人民检察院联合发布《关于办理海洋自然资源与生态环境公益诉讼案件若干问题的规定》，规范适用因破坏海洋生态、海洋水产资源、海洋保护区而提起的民事公益诉讼、刑事附带民事公益诉讼和行政公益诉讼。6月，最高人民法院发布《关于审理森林资源民事纠纷案件适用法律若干问题的解释》，旨在妥善审理森林资源民事纠纷案件，依法保护生态环境和当事人合法权益。

——办理一批环境资源类案件。2022年，地方各级人民法院受理一审环境资源案件273177件，审结246104件。其中，受理环境公益诉讼案件3191件，审结2131件；受理生态环境损害赔偿案件167件，审结94件。2022年，各级检察机关共办理生态环境和资源保护领域案件9.5万件，同比上升8.3%，起诉破坏生态环境资源犯罪3.7万人。

——加强司法政策指引。6月，最高人民法院发布《中国环境资源审判（2021）》《中国环境司法发展报告（2021）》及2021年人民法院环境资源审判典型案例，全面展示2021年人民法院环境资源审判工作情况，充分发挥典型案例示范引领作用，加快推进环境资源审判体系和审判能力现代化。同月，最高人民检察院发布涉水领域检察公益诉讼典型案例10件。其中，水资源保护领域案件4件，行洪安全领域案件2件，水生态保护领域案件2件，河道岸线保护领域案件2件。同月，最高人民法院发布森林资源民事纠纷方面典型案例10件，涉及长江防护林保护、黑土区周边荒山治理、森林火灾防治、绿色金融等多方面内容。7月，最高人民法院印发《关于充分发挥环境资源审判职能作用依法惩处盗采矿产资源犯罪的意见》，要求各级人民法院充分发挥环境资源审判职能作用，依法惩处盗采矿产资源犯罪，切实维护矿产资源和生态环境安全。为指导各级人民法院准确理解和把握该司法文件精神和要求，提升全社会环境资源保护法治意识，最高人民法院配套发布人民法院依法惩处盗采矿产资源犯罪典型案例10件，涉及长江保护法实施、黑土地保护、国家海洋战略、能源和战略性资源安全等多项全局性问题。同月，最高人民检察院发布检察机关服务保障长江经济带发展典型案例12件，涉及危险废物污染治理、非法采矿治理、跨区划污染治理等问题。其中，刑事案件4件，行政公益诉讼案件8件。

八、关于法学理论研究、法学教育和法治宣传

2022 年，中国法学理论研究、法学教育和法治宣传取得显著成效。

（一）法学理论研究

——深入学习贯彻党的二十大精神，深入学习研究阐释习近平法治思想。党的二十大报告专章部署“坚持全面依法治国，推进法治中国建设”，为中国在法治轨道上全面建设社会主义现代化国家指明方向。2022 年，以习近平法治思想为根本遵循，中央全面依法治国委员会办公室设立“习近平法治思想进教材进课堂进头脑”等课题。2022 年，中国法学会加强对习近平法治思想的研究阐释，聚焦习近平法治思想“十一个坚持”的原创性贡献开展研究，形成 11 期《中国法学会要报》和《习近平法治思想原创性贡献研究报告》，举办深入学习研究阐释习近平法治思想研讨会；高质量做好习近平法治思想研究中心工作，编辑出版《习近平法治思想研究与实践》专刊 12 期，刊发党和国家领导同志文章、报

道20篇，正部级领导同志或正部级单位文章18篇，副部级领导同志文章53篇；设立“习近平法治思想研究与实践”专项委托课题42项；习近平法治思想研究中心在《人民日报》、《瞭望》新闻周刊等发表署名文章4篇。

——高质量服务中国法治现代化建设。2022年，中国法学会聚焦法治现代化，设立“中国式法治现代化道路话语体系构建研究”“人大预算审查监督中全过程人民民主的法治保障研究”“国家治理能力视域下地方立法能力现代化建设策略”“人大主导的法治政府评估模式”“统筹推进国内法治与涉外法治背景下国际条约的司法适用问题”“坚持抓住领导干部这个‘关键少数’研究”“党内法规体系概念的反思与重构”“面向共同富裕的农村宅基地使用权运行法治保障”“营商环境法治化与商事法律制度现代化”等191项部级课题，从不同维度为中国法治现代化提供立体化法学理论支撑。2022年，中国法学会组织广大法学法律工作者紧紧围绕党中央重大法治建设规划、重大立法事项开展研究，召开立法专家咨询会40余场，与全国人大财政经济委员会等共同开展个人破产立法等座谈10余场，相关成果得到立法机关普遍采纳。

——加强重点领域、新兴领域法学研究。2022年，法学界聚焦数字时代国家安全、科技创新、人工智能、数字经济、信息保护、产业发展等重点问题，组织开展人工智能国家安全风险及治理体系、数字法治体系建设的高效协同机制、数字时代创新范式视域下健全反垄断体制机制、数据要素市场行政壁垒法律规制、数字政府建设的法治保障、数据要素市场化配置视角下个人信息处理规则的设计、数字经济税收法律治理的中国方略、数据与信息的刑法区分性保护、互联网金融直接融资税收征管法律规制、完善数据跨境流动全球治理体系的中国方案、司法人工智能的算法规制、人工智能法律制度完善与智能决策在公共行政中的类型及法律规制、人脸识别技术的应用风险与治理对策等方面研究，推出一批高质量学术成果，为中央决策提供参考。

——中国人权理论和话语体系建设开创新局面。2月，西南政法大学人权学院揭牌成立，这是中国高校成立的首家人权学院。5月，《人权》杂志社、中国人民大学人权研究中心举办“《人权》杂志创刊20周年学术研讨会”。11月，中国人权研究会在中国北京举办“深入学习贯彻党的二十大精神，坚持走人权发展道路”研讨会。12月，中国首部以人权为主题的5集电视政论片《新时代中国人权》播出。

——深化法学学科研究。法理学科以“中国式现代化与法治理论创新”为主题，对“习近平法治思想与法治理论创新”“中国式现代化与法治理论创新”“党的十八大以来党领导全面依法治国的实践和经验”等内容进行研讨。宪法学科立足本土，围绕中国特色社会主义现代化建设中产生的时代议题，继续回应人民群众对宪法生活的美好期待，在宪法学基本概念范畴、宪法实施与监督、基本权利保障与宪法、国家机构、国家制度、国家治理，以及比较宪法与外国宪法等领域进行系统深入探讨。行政法学科围绕行政行为法、行政组织法和行政救济法等多个方面开展研究，行政法法典化继续成为行政法学界研究热点，数字行政受到更多维度观察，新型行政行为得到重视，更加注重对维权救济的研究。刑法学科以“以习近平法治思想引领中国刑法学研究高质量发展”为主题，探讨中国特色社会主义刑法学、刑事司法热点问题、刑法学理论前沿、数字时代的刑法应对等内容。民法学科继续以“民法典与相关司法解释的适用”为主题开展深入交流讨论。商法学科以“后疫情时代的经济发展与商法回应”为主题进行研讨。经济法学科以“疫情防控、经济发展与经济法”为主题，围绕学习贯彻党的二十大精神、统筹疫情防控与经济发展、推进数字经济健康发展、全国统一大市场建设、推进共同富裕等分议题探讨。刑事诉讼法学科围绕管辖制度、证据制度、辩护制度、各诉讼程序、认罪认罚从宽制度等内容展开深入研究。民事诉讼法学科围绕构建中国特色民事诉讼法学理论以及破解实务中的热点难点问题开展研究。知识产权法学科以“知识产权体系与时代变革”为主题，对知识产权基础理论问题、专利法、著作权法、商业标志保护的前沿问题及制度完善、反不正当竞争法的前沿理论问题等内容进行研讨。国际法学科遵循习近平法治思想中有关“坚持统筹推进国内法治和涉外法治”的基本要求，研究讨论了有关涉外法治体系建设、人类命运共同体理念与国际法、“一带一路”倡议纵深推进、《联合国海洋法公约》等议题。

（二）法学教育

——将党的二十大精神深入融入法学教育。各法学院校高度关注党的二十大，迅速掀起学习宣传贯彻党的二十大精神热潮。10月，清华大学法学院、北京大学法学院、中国人民大学法学院、中国政法大学法学院四所法学院举办主题为“学习贯彻党的二十大精神，走好中国特色法治道路”联学共建活动；中国政法大学召开“为党育人，为国育才，为法治文明作出贡献”学习贯彻落实党的二十大精神座谈会；华东政法大学会同上海市法学会召开“习近平法治思想与新时代法学教育”主题研讨会，聚焦新时代法学教育的发展蓝图和法治人才培养方向开展深入研讨；西北政法大学召开“学习党的二十大精神，推动法治中国建设”座谈会，学习党的二十大报告中关于全面依法治国的决策部署；中南财经政法大学法学院主办以“法学青年说·习近平法治思想领航中国式法治现代化”为主题的“2022年华中地区高校法学青年研习会”。

——进一步推动习近平法治思想进教材、进课堂、进头脑。中国法学会组织编写的《习近平法治思想概论》教材出版后，截至2022年底，630余所法学院校和35所公安院校开设“习近平法治思想概论”课程并使用该教材。修订《习近平法治思想概论》教材，推动习近平法治思想落实到各法学学科的教材编写和教学工作中。以领导干部和青少年为重点对象，把习近平法治思想纳入干部教育体系、国民教育体系和社会教育体系，各级党委（党组）理论学习中心组把习近平法治思想纳入学习的重要内容。

——落实习近平总书记考察中国人民大学重要讲话精神，积极建构中国自主的法学知识体系。4月，习近平总书记到中国人民大学考察调研，提出“加快构建中国特色哲学社会科学，归根结底是建构中国自主的知识体系”。10月，中国人民大学举行“习近平法治思想与建构中国自主的法学知识体系”论坛，紧密围绕“加快构建中国特色哲学社会科学，归根结底是建构中国自主的知识体系”重要发展命题，从“习近平法治思想的原创性贡献”“建构中国自主的基础法学知识体系”“建构中国自主的部门法学知识体系”“建构中国自主的交义法学知识体系”四个方面展开深度研讨。12月，华东政法大学中国法治战略研究院成立大会暨科研智库建设研讨会召开，与会专家围绕“建构中国法学自主知识体系，系统推进法治中国战略实施”主题开展研讨。

——法学学科建设和专业建设取得新进展。2月，教育部、财政部、国家发展和改革委员会公布入选第二轮“双一流”[①] 建设学科名单，中国人民大学、中国政法大学、武汉大学和中南财经政法大学的法学学科被列为建设学科。北京大学、清华大学自主确定建设学科，两校法学学科在首轮“双一流”建设中即已被列入建设范围。3月，中南财经政法大学纪检监察学二级学科博士点获批。4月，中国政法大学国家监察与反腐败研究中心主办“首届监察法学学科建设与发展”研讨会。6月，教育部公布2021年国家级和省级一流本科专业建设点名单，一批法学类本科专业点入选。9月，国务院学位委员会、教育部印发《研究生教育学科专业目录(2022年)》和《研究生教育学科专业目录管理办法》，增设中共党史党建学、纪检监察学两个一级学科，增设知识产权、国际事务两个硕士专业学位类别和法律、社会工作两个博士专业学位类别。10月，西南政法大学纪

① “双一流”是世界一流大学和世界一流学科的简称，是中共中央、国务院作出的重大战略决策，也是中国高等教育领域继“211工程”“985工程”之后的又一国家战略。

检监察学院和华东政法大学纪检监察学院相继成立。11月，中国人民大学中共党史党建学院、纪检监察学院成立。

——持续创新涉外法治人才培养机制。3月，对外经济贸易大学涉外法治研究院发布《中国涉外法治发展报告（2021）》。4月，司法部、教育部、科学技术部、国务院国有资产监督管理委员会、中华全国工商业联合会、中国国际贸易促进委员会联合发布《关于做好涉外仲裁人才培养项目实施工作的通知》，明确到2025年，建立起与国际通行仲裁制度相适应的涉外仲裁人才培养体系，遴选1000名高端领军人才，培训1000名职业进阶人才，培养1000名青年后备人才，打造一支坚定不移走中国特色社会主义法治道路的高素质专业化涉外仲裁人才队伍。9月，中国人民大学首届涉外法治本科实验班开班。11月，中国首家涉外法治学院在华东政法大学成立。12月，中国政法大学全面依法治国研究院发布首部《中国涉外法治蓝皮书》，全面呈现并总结中国近年来在涉外法治方面的工作。

——积极举办法学教育论坛和国际会议。5月，中国政法大学举办首届“世界法学家高端论坛”，来自亚洲、美洲、欧洲、大洋洲18个国家和地区的知名高校、国际组织机构的中外法学教育专家，围绕“数字时代法学教育变革”展开研讨。9月，中国人民大学举办“中国共产党创办新型正规高等教育的历史经验”高端论坛之“中国红色法学教育传统与当代法治人才培养”分论坛。同月，第五届中非法学院院长论坛（The Fifth China-Africa Forum of Law School Deans 2022）在湘潭举行，来自乌干达、南非、埃塞俄比亚、肯尼亚、塞内加尔等非洲国家的10余位高校法学院院长以及20余位中国知名高校和科研院所、研究会的专家学者出席会议。12月，教育部高校法学类专业教学指导委员会和中国法学会法学教育研究会共同主办“中国式现代化与中国法学教育”论坛，中国法学会法学教育研究会模拟法庭教学专业委员会举办“模拟法庭教学规范化建设”论坛，中国法学会法学教育研究会诊所法律教育专业委员会举办“诊所法律教育中国化”论坛。

（三）法治宣传

——深入学习宣传贯彻习近平法治思想。认真做好学习宣传贯彻习近平法治思想专题报道，广泛宣传各地区、各部门在习近平法治思想引领下做出的新业绩、取得的新成效。制定深化学习宣传研究阐释贯彻落实习近平法治思想工作方案和年度工作安排，举办专题研讨班、培训班，推动学习宣传贯彻习近平法治思想走深走实。编写出版《中国共产党百年法治大事记》，系统反映中国共产党领导人民探索开辟中国特色社会主义法治道路的光辉历程和重大成就，为广大党员干部群众深入学习理解中国共产党百年法治奋斗史提供了宝贵资料、生动教材。认真做好“中国这十年”全面依法治国主题新闻发布会和主题成就展，系统展示习近平法治思想的实践成就。

——做好宪法普法工作。围绕“学习宣传贯彻党的二十大精神，推动全面贯彻实施宪法”，全国普法办公室组织开展“宪法宣传周”主题宣传。各地各部门以学习宣传贯彻党的二十大精神为主题，以现行宪法公布施行40周年为重点，开展形式多样的主题宣传活动，深入推进宪法进农村、进社区、进校园、进机关、进企业、进军营、进网络。教育部在国家宪法日前后举办教育系统“宪法晨读”活动，组织开展第七届全国学生“学宪法 讲宪法”活动。2022年，参与宪法网络学习的学生超过76亿人次，经过学习测评产生1.6亿多名初步掌握宪法知识的“宪法卫士”。组织评选2022年全国十大法治人物，制作《宪法的精神 法治的力量——2022年度法治人物特别节目》并在中央电视台播出。围绕“12·4”国家宪法日和宪法宣传周，开展“守·护——我与宪法的故事”系列主题宣传，制作发布40部优质短视频，总观看量超1亿次。连续在中央电视台综合频道、新闻频道《新闻联播》等栏目中播出各地宪法宣传活动开展情况，并在综合频道《焦点访谈》栏目中播出专题访谈。

——强化“八五”普法基础工作。组织做好宪法读本、民法典读本、党内法规读本、中小学法治教育读本、乡村（社区）“法律明白人”普法读本等全国“八五”普法统编读本编辑出版工作，为广大人民群众提供更加权威、准确的学法资料。印发《2022年“美好生活·民法典相伴”主题宣传方案》，以“民法典进农村”为重点，在全国组织开展第二个“民法典宣传月”活动。充分发挥全国人大常委会法制工作委员会发言人机制的作用，及时向社会发布立法信息、介绍情况、回应关切，推动法律的宣传普及和贯彻实施。开展第三批“全国普法依法治理创新案例”推荐评选工作，鼓励地方和基层聚焦问题开展差异化探索，选树“八五”普法规划实施以来各地各部门在普法依法治理工作中创造的好经验好做法，推动全民普法创新性发展。开展反有组织犯罪法普法宣传，推进扫黑除恶常态化。举办反有组织犯罪法贯彻启动仪式，大力开展反有组织犯罪法主题宣传活动，深入解读阐释反有组织犯罪法的重要意义、主要内容和积极作用。把反有组织犯罪法列入“谁执法谁普法”普法责任清单，推动形成全社会共同学习宣传的浓厚氛围。

——加强法治文化阵地建设。截至2022年底，设立法治文化主题公园3500多个、广场1.2万多个、长廊

3.4 万多个，行政村（社区）法治宣传栏等文化阵地覆盖率达 95.7%。命名 41 个第四批全国法治宣传教育基地。组织开展第九批“全国民主法治示范村（社区）”命名工作，总结、推广一批先进典型。

——扎实开展“百名法学家百场报告会”（以下简称“双百”）法治宣讲活动。2022 年，各地区各部门高度重视，各级组委会紧紧围绕重大主题、重点专题和建议选题，加强统筹协调，完善工作机制，强化分类指导，严把政治关、质量关，结合本地实际确定年度宣讲主题，举办“双百”活动 8.6 万余场，听众达 4300 万余人，场次数、听众数再创新高，“双百”活动覆盖面进一步扩大，影响力进一步提升。其中，中央和国家机关专场报告会累计观看量达 2000 多万次。

——着力推动“青年普法志愿者法治文化基层行”活动。2022 年，各地组织“青年普法志愿者法治文化基层行”线上线下普法活动 163 万余场次，参与法治宣传志愿者 117 万余人次，普法受众 2.72 亿余人次，活动遍及中国各省、市、县。

九、关于涉外法治工作

2022年，中国在国际立法活动中发出中国声音，积极主持并参与国际和区域法治对话，持续推进司法协助和国际反腐败合作，丰富对外法学交流，涉外法治工作不断取得新进展。

（一）参与国际立法活动

——国际环境保护、气候变化、极地事务方面。11月，国家主席习近平以视频方式出席在中国武汉举行的《湿地公约》第十四届缔约方大会开幕式，并发表题为《珍爱湿地，守护未来，推进湿地保护全球行动》的致辞。同月，国家主席习近平出席在印度尼西亚巴厘岛召开的二十国集团领导人第十七次峰会，并发表题为《共迎时代挑战，共建美好未来》的重要讲话，强调要推动更加包容、更加普惠、更有韧性的全球发展，继续维护以世界贸易组织为核心的多边贸易体制，重点阐述对气候变化、粮食、能源安全等问题的看法。峰会通过《二十国集团领导人巴厘岛峰会宣言》。12月，国家主席习近平以视频方式出席在加拿大蒙特利尔举行的《生物多样性公约》第十五次缔约方大会第二阶段高级别会议开幕式并致辞，强调中国将持续加强生态文明建设，向发展中国家提供力所能及的支持和帮助，推动全球生物多样性治理迈上新台阶。大会通过“昆明－蒙特利尔全球生物多样性框架”。10月，中国代表参加在冰岛雷克雅未克举行的2022年北极圈论坛大会，并参与多场涉中国及亚洲相关议题的讨论。11月，中国代表团出席在埃及沙姆沙伊赫举行的《联合国气候变化框架公约》第二十七次缔约方大会，并与联合国秘书长古特雷斯举行会谈。双方就适应气候变化、资金和技术支持等议题深入交换意见。

——国际海洋法方面。3月和8月，第四次和第五次国家管辖范围以外区域海洋生物多样性的养护和可持续利用协定谈判政府间大会在美国纽约联合国总部举行，中国代表团建设性深入参与谈判，大力开展工作，促进规则制定向于我有利的方向发展。6月，《联合国海洋法公约》第三十二次缔约国会议在美国纽约举行，改选大陆架界限委员会全部委员，中国候选人成功连任，反映了国际社会对中国恪守包括《联合国海洋法公约》在内的国际海洋法、坚持真正多边主义的高度肯定。8月，国际海底管理局第二十七届大会在牙买加金斯敦举行，中国代表参会并在大会“纪念《联合国海洋法公约》通过并开放签署40周年”和“秘书长报告”议题下发言。中国代表还深度参与国际海底矿产资源开发规章制度磋商。9月，中国主办纪念《联合国海洋法公约》开放签署40周年国际研讨会，国务委员兼外长王毅和联合国副秘书长兼法律顾问苏亚雷斯以视频方式出席开幕式并致辞。与会中外专家围绕"《联合国海洋法公约》40年成就和发展""国际海底与沿海国外大陆架""海洋争端解决""《联合国海洋法公约》与其他机制的互动""海洋法前沿问题""《联合国海洋法公约》与国际和地区海洋合作"六个议题进行深入讨论。12月，中国代表在第七十七届联合国大会"海洋和海洋法"议题下发言，强调坚持渔业资源可持续利用、严格实施远洋渔业管理、严厉打击非法捕捞活动，表示中方愿与各方携手并进、共同努力，为实现更高水平的全球海洋治理、增进各国人民福祉作出新的更大贡献。

——国际刑法方面。2月至3月，《联合国打击网络犯罪公约》特设政府间委员会第一次谈判会议以线上线下相结合的方式在美国纽约举行。会议以协商一致的方式通过公约框架和谈判安排，并围绕公约的目标、适用范围和核心要素等关键问题初步交换意见，中国代表团积极参与讨论并在"一般性辩论"议题下发言。约140个国家，世界银行、国际刑警组织、欧洲委员会等14个国际组织和140个非政府组织代表参会。5月，中国代表团以视频方式参加联合国预防犯罪和刑事司法委员会第三十一届会议并发言，有效宣介我以习近平法治思想为指导，加强预防犯罪和刑事司法工作的经验和成就，强调中国将继续支持毒罪办[①]及预防犯罪委[②]工作，呼吁国际社会凝聚共识，加强合作，落实《京都宣言》，织密打击跨国犯罪和反腐败的国际网络，有效应对网络犯罪。10月，中国代表团参加《联合国打击跨国有组织犯罪公约》第十一届缔约方会议，并在“公约履约”“各类新型跨国有组织犯罪”等议题下发言，呼吁各国加强预防和惩治新型跨国有组织犯罪国际交流对话，充分利用现有法律框架，加强双边、多边执法司法合作，推动构建普遍安全的人类命运共同体。

——外层空间法方面。4月，中国代表团参加联合国和平利用外层空间委员会法律小组委员会第六十一届会议并发言，强调中方愿与各方一道，以“空间2030”议程为指导，充分发挥法律小组委员会的职能，依据国际法加强外空治理。6月，中国代表团参加联合国和平利用外层空间委员会第六十五届会议并发言，呼吁各方维护以国际法为基础的外空国际秩序，尊重并确保各国平等享有和平利用外空的权利，特别是关注发展中国家和新兴航天国家利益。

① 毒罪办是指联合国毒品和犯罪问题办公室。

② 预防犯罪委是指联合国预防犯罪和刑事司法委员会。

——其他方面。2月到12月，中国代表团参加世界卫生组织举行的“预防、防范和应对大流行病条约”政府间谈判机构（INB）三次会议，第三次会议在听取各方意见的基础上形成了一份概念性草案预稿。中方代表在发言中强调，“大流行病条约”的制定应秉持尊重成员国主权和相关权利、坚定维护多边治理体制、维护人类卫生健康共同体理念、聚焦实际需求等基本原则，统筹考虑愿景诉求和现实差距，提供具有可行性和操作性的解决方案。5月，国际司法争端解决网络（JDRN）成立大会在中国北京召开，最高人民法院代表以视频方式出席会议并致辞，强调中国建成了法院主导下的一站式多元纠纷解决机制，形成具有一站式解纷、多元化参与、全流程在线、送上门服务等特点的中国特色司法争端解决新模式。来自新加坡、中国、澳大利亚、加拿大、德国、印度、马来西亚、菲律宾、英国、美国等国家的法官参会。9月，海牙国际私法会议以线上线下相结合的方式举行“管辖权项目”第三次工作组会议，进一步就平行诉讼问题讨论制定法律文书，包括中国在内的24个成员及2个观察员的60余名代表参会。11月，第七十七届联合国大会裁军与国际安全委员会先后表决通过“防止外空军备竞赛的进一步切实措施”“不首先在外空放置武器”“从国际安全角度看信息和电信领域的发展”三项决议，其中均写入中国提出的人类命运共同体理念。会议还表决通过了中国提交的“在国际安全领域促进和平利用国际合作”决议草案。这是中国连续第2年提交并推动通过“和平利用”决议。

（二）政府间法治对话

——联合国框架下的对话。10月，中国代表在第七十七届联合国大会法律委员会（第六委员会）就“国家对国际不法行为的责任”议题发言，明确中国支持继续在联大六委框架下就国家责任条款草案实质问题和如何采取下步行动深入讨论、凝聚共识；就“国内和国际的法治”议题发言，介绍了中国在立法、司法、执法领域采取的疫情防控相关措施，以及中国在防疫领域为国际社会所作贡献。11月，最高人民法院高晓力、孙祥壮两位法官分别当选联合国上诉法庭、联合国争议法庭法官，这是联合国上诉法庭和争议法庭自2009年设立以来，中国候选人首次当选。

——上海合作组织框架下的对话与合作。8月，中央政法委副书记、公安部部长王小洪以视频方式出席在乌兹别克斯坦塔什干举行的上海合作组织成员国安全会议秘书第十七次会议，发言表示中方愿同各方一道，积极践行习近平主席提出的全球安全倡议，不断深化上合组织框架下的执法安全合作。同月，最高人民法院院长周强以视频方式参加由塔吉克斯坦共和国最高法院主办的第十七次上海合作组织成员国最高法院院长会议致辞并作专题发言，与会代表围绕司法领域新情况新问题深入研讨，共同探索司法交流合作新路径，会议通过《第十七次上海合作组织成员国最高法院院长会议联合声明》。同月，最高人民法院院长周强以视频方式出席在中国山东举办的中国－上合组织国家地方法院大法官论坛（2022）并致辞，强调深化司法交流合作，推动构建更加紧密的上海合作组织命运共同体。来自哈萨克斯坦、吉尔吉斯斯坦、巴基斯坦、俄罗斯、塔吉克斯坦、乌兹别克斯坦地方法院的法官线上参会。9 月，最高人民检察院检察长张军以视频方式出席在哈萨克斯坦阿斯塔纳召开的第二十次上海合作组织成员国总检察长会议并作主旨发言，强调深化执法司法合作，全面构建区域资产返还合作新格局。

——东盟框架下的对话与合作。7 月，最高人民法院院长周强参加在中国广西举办的第三届中国－东盟大法官论坛，围绕“共建 21 世纪海上丝绸之路，建设高水平司法合作平台”主题，就“加快对接 RCEP 经贸新规则，为区域贸易投资提供更好的司法服务”“加强知识产权合作，提升知识产权保护国际化水平”“推进跨境在线诉讼，为疫情防控和经济复苏提供司法助力”等议题深入交流研讨。论坛通过《第三届中国－东盟大法官论坛南宁声明》。

——金砖国家框架下的对话与合作。9月，全国人大常委会委员长栗战书以视频方式在中国北京主持第八届金砖国家议会论坛并作主旨发言，强调金砖国家立法机构要坚持公平正义、维护和平安全，坚持同舟共济、促进发展繁荣，坚持开放融通、拓展务实合作，坚持包容互鉴、扩大对话交流。各方围绕“发挥立法机构作用，推动构建高质量金砖伙伴关系”的论坛主题进行深入交流。同月，最高人民法院院长周强出席金砖国家大法官论坛致辞并作主旨发言，强调始终秉持开放、包容、合作、共赢的金砖精神，进一步完善合作机制，提升合作水平，共同谱写金砖司法合作新篇章。论坛以“新时代的金砖司法合作”为主题，来自巴西、俄罗斯、印度、南非的大法官、法官代表，以及部分驻华使节出席。

（三）司法协助和国际反腐败合作

——司法协助缔约工作。2022年，中国批准与乌拉圭、肯尼亚、刚果（布）、亚美尼亚的引渡条约，与肯尼亚、摩洛哥、刚果（布）、厄瓜多尔的刑事司法协助条约；同沙特阿拉伯签署民商事司法协助协定；同智利引渡条约生效。

——追逃专项工作。3月，“天网2022”行动启动。2022年1月至11月，共追回外逃人员840名，追赃金额约65.5亿元人民币。

——多边领域。11月，国家主席习近平出席在泰国曼谷举行的亚太经济合作组织第二十九次领导人非正式会议并发表题为《团结合作勇担责任，构建亚太命运共同体》的重要讲话。与会领导人就加强反腐败国际合作达成重要共识，承诺团结一致采取务实行动，共同打击跨境腐败，拒绝为腐败分子及其非法财产提供避风港。会议通过《2022年亚太经合组织领导人宣言》。7月，由中央纪委国家监委主办的金砖国家首次反腐败部长级会议以视频方式在中国北京举行，主题为“加强合作，携手反腐”。此次会议是自2015年金砖国家反腐败工作组成立以来第一次举办的反腐败部长级会议，向金砖各国人民和国际社会彰显携手打击腐败的坚定决心。会议通过《金砖国家反腐败部长级会议公报》。

——研讨工作。5月，由国家监察委员会主办的金砖国家“反腐败促进经济发展”研讨会以线上方式在中国北京召开。各方一致认为，反腐败维护公平正义，有利于经济发展持续健康，并表示将进一步加强反腐败促进经济发展方面的互学互鉴，不断完善合作机制，为全球反腐败治理贡献力量。12月，最高人民法院代表出席在中国北京举办的第六届反腐败追逃追赃国际论坛暨反腐败追逃追赃与跨境腐败治理线上国际研讨会，各方就“境外追逃和缺席审判制度的发展与完善”“境外追赃的发展与完善”“涉腐跨境洗钱犯罪的惩治与防范”“刑事合规基本理论”“企业反腐合规建设”“‘一带一路’廉洁建设的刑事司法保障与跨境腐败问题”等议题展开研讨。

（四）对外法学交流

——与俄罗斯的法学交流。6月，中国法学会代表团以视频方式出席第十届圣彼得堡国际法律论坛，并在“法律与秩序：当代全球挑战背景下的价值观和原则”专题上发言。来自95个国家的官员、法官、律师及商业与学术界代表5400多人参会。9月，中国法学会代表团以视频方式出席在俄罗斯符拉迪沃斯托克举办的第七届东方经济论坛，并在“商业保护：保证商业的稳定性”专题上发言。来自60多个国家和地区的约5000名代表参会。

——与非洲国家的法学交流。7月，由中国法学会主办的“中非法律人才交流项目第九期研修班”在中国北京举办，围绕“习近平法治思想”“‘一带一路’相关法律问题与对策”“中国法治文化”“中国外商投资法律制度”“中国智慧法院建设”“中国民法典侵权责任编的创新与发展”“粤港澳大湾区建设法治保障与中非经贸合作”“中非电子商务法治合作”等专题展开交流。来自阿尔及利亚、安哥拉、布隆迪等25个非洲国家的260位政府官员、法官、检察官、律师、学者等参加研修。在研修班结业仪式上还举办了“国际投资经贸法律风险及对策”研讨会，与会专家学者围绕“中非投资安全的法治保障”和“非洲法律查明与风险防范”两个议题展开研讨。

——上合组织框架下的法学交流。7月，由最高人民法院举办的第三届上合组织国家法官研讨班以视频方式在中国北京举行。研讨班成果丰硕，增进了司法互信，必将进一步加强成员国间的司法合作，巩固取得的司法合作成果，为地区国家稳定和发展作出更大贡献。

——与南亚地区的法学交流。8月，由中国法学会主办的“中国－南亚法律培训基地第七期研修班”在中国北京举办，围绕“习近平法治思想”“‘一带一路’相关法律问题与对策”“中国法治文化”“中国外商投资法律制度”“中国智慧法院建设”“中国民法典侵权责任编的创新与发展”“‘一带一路’自由贸易区的法治探索”“中国减贫成就、做法和经验”“海外社会责任履行特色及优秀法律实践”等专题展开交流，来自孟加拉国、尼泊尔、巴基斯坦、印度、马尔代夫、斯里兰卡6个国家的75位政府官员、法官、检察官、律师、学者参加研修。9月，由中国法学会主办的“国际投资经贸法律风险及对策”研讨会在中国北京举办，围绕“中国－南亚贸易安全法治保障”和“国际投资治理与争端解决”两个议题开展研讨。

——与古巴的法学交流。9月，国家法官学院以视频方式举办2022年古巴法官研修班，通过交流中古两国的司法制度，促进两国法官的相互了解，深化中古两国之间的友谊。

——亚太法协框架下的法学交流。9月，中国法学会代表以视频方式参加亚洲与太平洋法律协会“一带一路”研讨会并在闭幕式上作总结发言，阐述实现“一带一路”倡议与联合国2030年可持续发展议程目标协同性与一致性的巨大潜力，同时宣传习近平主席在第二届“一带一路”高峰论坛及上海合作组织成员国元首理事会第二十二次会议上的讲话精神。

——国际宪法学协会下的法学交流。12月，中国法学会代表团赴南非约翰内斯堡参加第十一届世界宪法大会，并出席国际宪法学协会执委会和理事会会议。中国法学会代表团经过努力，与协会签署谅解备忘录。内容包括不承认“台湾独立”，协会不会被任何人用作从事分裂中国活动的平台，协会不谋求任何政治目的，制约境外反华势力企图利用协会从事分裂活动，促成对我未来工作更有利的局面。

结束语

2023年是全面贯彻党的二十大精神的开局之年。党的二十大对坚持全面依法治国、推进法治中国建设作出重要部署。报告指出，全面依法治国是国家治理的一场深刻革命，关系党执政兴国，关系人民幸福安康，关系党和国家长治久安。必须更好发挥法治固根本、稳预期、利长远的保障作用，在法治轨道上全面建设社会主义现代化国家。我们要坚持走中国特色社会主义法治道路，建设中国特色社会主义法治体系、建设社会主义法治国家，围绕保障和促进社会公平正义，坚持依法治国、依法执政、依法行政共同推进，坚持法治国家、法治政府、法治社会一体建设，全面推进科学立法、严格执法、公正司法、全民守法，全面推进国家各方面工作法治化。完善以宪法为核心的中国特色社会主义法律体系，扎实推进依法行政，严格公正司法，加快建设法治社会。

踏上强国建设、民族复兴的新征程，广大法学法律工作者要坚持以习近平新时代中国特色社会主义思想为指导，全面贯彻落实党的二十大精神，深入贯彻落实习近平法治思想，更加紧密地团结在以习近平同志为核心的党中央周围，深刻领悟“两个确立”的决定性意义，增强“四个意识”、坚定“四个自信”、做到“两个维护”，强化使命担当，认真履职尽责，为在法治轨道上全面建设社会主义现代化国家贡献力量。

附　录

一、2022 年全国人大及其常委会制定和修改的法律、法律解释及决定目录（24 件）

（一）制定法律（6 件）

1. 全国人民代表大会常务委员会关于中国人民解放军现役士兵衔级制度的决定

2. 中华人民共和国期货和衍生品法

3. 中华人民共和国黑土地保护法

4. 中华人民共和国反电信网络诈骗法

5. 中华人民共和国黄河保护法

6. 中华人民共和国预备役人员法

（二）修改法律（10 件）

1. 全国人民代表大会关于修改《中华人民共和国地方各级人民代表大会和地方各级人民政府组织法》的决定

2. 中华人民共和国职业教育法（修订）

3. 中华人民共和国体育法（修订）

4. 全国人民代表大会常务委员会关于修改《中华人民共和国反垄断法》的决定

5. 全国人民代表大会常务委员会关于修改《中华人民共和国全国人民代表大会常务委员会议事规则》的决定

6. 中华人民共和国农产品质量安全法（修订）

7. 中华人民共和国妇女权益保障法（修订）

8. 中华人民共和国畜牧法（修订）

9. 中华人民共和国野生动物保护法（修订）

10. 全国人民代表大会常务委员会关于修改《中华人民共和国对外贸易法》的决定

（三）通过有关法律问题和重大问题的决定（7件）

1. 全国人民代表大会常务委员会关于设立成渝金融法院的决定

2. 第十三届全国人民代表大会第五次会议关于第十四届全国人民代表大会代表名额和选举问题的决定

3. 中华人民共和国澳门特别行政区选举第十四届全国人民代表大会代表的办法

4. 中华人民共和国香港特别行政区选举第十四届全国人民代表大会代表的办法

5. 第十四届全国人民代表大会少数民族代表名额分配方案

6. 台湾省出席第十四届全国人民代表大会代表协商选举方案

7. 第十四届全国人民代表大会代表名额分配方案

（四）作出法律解释（1件）

全国人民代表大会常务委员会关于《中华人民共和国香港特别行政区维护国家安全法》第十四条和第四十七条的解释

二、2022年国务院制定和修改的行政法规目录（6部）

1. 中华人民共和国水下文物保护管理条例（修订）

2. 国务院关于修改和废止部分行政法规的决定（国令第752号）

3. 地名管理条例（修订）

4. 促进个体工商户发展条例

5. 缔结条约管理办法

6. 中国人民解放军文职人员条例（修订）

三、2022年最高人民法院、最高人民检察院发布的司法解释（22件）

1. 最高人民法院关于审理生态环境侵权纠纷案件适用惩罚性赔偿的解释

2. 最高人民法院关于审理证券市场虚假陈述侵权民事赔偿案件的若干规定

3. 最高人民法院关于审理涉执行司法赔偿案件适用法律若干问题的解释

4. 最高人民法院关于内地与香港特别行政区法院相

互认可和执行婚姻家庭民事案件判决的安排

5. 最高人民法院关于修改《最高人民法院关于审理非法集资刑事案件具体应用法律若干问题的解释》的决定

6. 最高人民法院关于适用《中华人民共和国民法典》总则编若干问题的解释

7. 最高人民法院关于内地与澳门特别行政区就仲裁程序相互协助保全的安排

8. 最高人民法院关于审理网络消费纠纷案件适用法律若干问题的规定（一）

9. 最高人民法院、最高人民检察院关于办理危害药品安全刑事案件适用法律若干问题的解释

10. 最高人民法院关于适用《中华人民共和国反不正当竞争法》若干问题的解释

11. 最高人民法院关于审理行政赔偿案件若干问题的规定

12. 最高人民法院关于修改《最高人民法院关于适用〈中华人民共和国民事诉讼法〉的解释》的决定

13. 最高人民法院、最高人民检察院关于办理破坏野生动物资源刑事案件适用法律若干问题的解释

14. 最高人民法院关于第一审知识产权民事、行政案件管辖的若干规定

15. 最高人民法院关于修改《最高人民法院关于审

理人身损害赔偿案件适用法律若干问题的解释》的决定

16. 最高人民法院、最高人民检察院关于办理海洋自然资源与生态环境公益诉讼案件若干问题的规定

17. 最高人民法院关于审理森林资源民事纠纷案件适用法律若干问题的解释

18. 最高人民法院关于办理人身安全保护令案件适用法律若干问题的规定

19. 最高人民法院关于涉外民商事案件管辖若干问题的规定

20. 最高人民法院、最高人民检察院关于办理危害生产安全刑事案件适用法律若干问题的解释（二）

21. 最高人民法院关于成渝金融法院案件管辖的规定

22. 最高人民检察院关于先后受理同一犯罪嫌疑人涉嫌职务犯罪和其他犯罪的案件审查起诉期限如何起算问题的批复

Preface

In the history of the Communist Party of China (CPC) and the People's Republic of China, 2022 was a crucial year. In the year, a plan for creating a modern socialist country in all respects was laid out during the 20th CPC The Party Central Committee, with General Secretary Xi Jinping as the core, united and led the Chinese people in successfully overcome challenges in the face of an unstable international environment and challenging internal reform, development, and stability responsibilities. The requirements for averting COVID-19, stabilizing the economy, and assuring safe development were all properly implemented. Macroeconomic regulation efforts were increased, stable economic operation was achieved, the bar for development quality was steadily improved, and social stability was maintained. China made fresh, outstanding feats that were not simple to achieve in its development.

Additionally, as a pivotal year in the development of China's rule of law, 2022 saw the events as follows:

● The Party made significant regulations for advancing rule of law construction with Chinese features and defending comprehensive law-based governance at its 20th National Congress, beginning a new path toward comprehensive law-based governance in China.

● China celebrated the 40th anniversary of the promulgation and implementation of its current Constitution by publishing a significant article titled "Composing New Chapters on Constitutional Practice in the New Era: China Celebrates the 40th Anniversary of Its Current Constitution", written by General Secretary Xi Jinping. The article offered recommendations for fully implementing the Constitution.

● To lend strong support to the development of high-standard market systems and the establishment of a high-level socialist market economy, the CPC Central Committee and State Council released the Guidelines on Expediting National Unified Market Building.

● To protect the constitutional order of the Hong Kong Special Administrative Region, the National People's Congress (NPC) made additional improvements to the "patriots governing Hong Kong" system.

● The Central Commission for Law-Based Governance released the Guidelines Strengthen Rule of Law Development at the Municipal and County Levels, launching the necessary inspection work to strengthen the framework for comprehensive law-based governance and raise the standard of rule of law development at these levels.

● China's COVID-19 prevention and control policies underwent significant optimization revisions to better align epidemic prevention and control with economic and social development.

● The Supreme People's Court issued the Interpretations on Issues Pertaining to the Application of the General Provisions of the Civil Code of the People's Republic of China, directing people's courts at all levels in effectively implementing the Civil Code, giving full play to the leading role of the General Provisions in the Civil Code, and defending the legitimate rights and interests of civil subjects.

● To encourage deeper compliance construction by enterprises involved in cases through coordination efforts, the Supreme People's Procuratorate and several departments jointly developed the Measures for Construction, Evaluation, and Review of Compliance by Enterprises Involved in Cases (for Trial Implementation).

● To strengthen the development of the public legal service system, the Ministry of Justice fully implemented the

Plan for Developing the National Public Legal Service System (2021-2025).

● Both the United Nations Appeals Tribunal and the Dispute Tribunal chose Chinese judges for the first time. Additionally, this marks the first election of Chinese candidates since the organizations' founding in 2009.

The important accomplishments made in China's rule of law development in 2022 are fundamentally attributable to the leadership of General Secretary Xi Jinping, who serves as the core of the CPC Central Committee and of the Party as a whole, and to the effective guidance of Xi Jinping Thought on Socialism with Chinese Characteristics for a New Era. These accomplishments are fundamentally influenced by Xi Jinping's rule of law philosophy, which shines brilliantly through vibrant practice. A look back on the year's accomplishments and journey during China's rule of law development will undoubtedly increase the confidence of China's legal professionals in the truth power of Xi Jinping's rule of law philosophy. It will strengthen belief that the path of socialist rule of law with Chinese characteristics will become wider and more promising. It will also strengthen belief in a bright future for rule of law in China.

Composing New Chapters on Constitutional Practice in the New Era: China Celebrates the 40th Anniversary of Its Current Constitution*

Xi Jinping

This year marks the 40th anniversary of the promulgation and implementation of our current Constitution. Over the past 40 years, the current Constitution has effectively promoted and strengthened socialist rule of law, and has played a significant role in promoting and safeguarding the development of the Party and the country. Taking this opportunity to commemorate the 40th anniversary of the promulgation and implementation of our current Constitution, we should implement the guiding principles from the 20th CPC National Congress,

---

* A signed article by General Secretary Xi Jinping on the occasion of the 40th anniversary of the promulgation and implementation of China's current constitution. Source: Xinhua News Agency, December 19, 2022.

strengthen constitutional awareness, promote constitutional values, advance constitutional implementation, better leverage the Constitution's important role in governance. This should provide solid guarantees for building a modern socialist country as well as advancing national rejuvenation in all respects.

The formulation and implementation of constitutions are symbols of civilizational progress; they are important pillars for human society's modernization. In modern history, Chinese people searched tirelessly for ways to change their nation's future. Some political forces attempted to reform China's feudal autocratic system in accordance Western political models but failed. After taking stage in Chinese history, the CPC, through arduous exploration and practice, successfully formulated and implemented a constitution with a distinct socialist feature—a true people's constitution that holds great significance not only in China's constitutional development but also in world constitutional history. This has contributed Chinese wisdom and approaches to humanity's progress toward rule of law.

The Constitution formulated by the people led by our Party embodies collective wisdom while reflecting common wills among all citizens; it achieves high unity between Party propositions and popular aspirations; it overcomes shortcomings where previous constitutions represented only minority interests or served minority groups' benefits exclusively. Therefore it enjoys broad support from people at large who abide by it willingly; it possesses remarkable advantages along with solid foundations as well as strong vitality.

Since its promulgation for implementation on 1982, our current Constitution has undergone necessary and important revisions on individual articles or parts five times by the NPC under the leadership of the Party Central Committee. These revisions have played an important role in improving and developing our country's Constitution, advancing socialist rule of law development, and enhancing the Party's law-based governance capacity.

Since the 18th CPC National Congress, we have attached great importance to comprehensive law-based governance. We have defined, planned and implemented rule of law from a strategic perspective to ensure long-term stability for both the Part and country; we have planned and promoted comprehensive law-based governance as part of the The four-pronged comprehensive strategy.① This has led to historic

① The significant is designed to make comprehensive moves to finish building a moderately prosperous society in all respects, deepen reform, advance law-based governance, and strengthen Party self-governance.

achievements in China's constitutional system development and implementation.

We have made significant decisions on pursuing comprehensive law-based governance and revising parts of the Constitution. We have established the Central Commission for Law-Based Governance and improved institutional arrangements for Party leadership in conducting legislation, ensuring enforcement support, supporting judiciary independence while leading by example in abiding by laws. The Party's leadership over comprehensive law-based governance and the implementation of the Constitution has been significantly strengthened. We have actively promoted efforts to make Party leadership more institutionalized and law-based. Within constitutional amendments we have established the guiding status for Xi Jinping Thought on Socialism with Chinese Characteristics for a New Era in national politics and social life and explicitly stated that CPC leadership is the underlining characteristic of socialism with Chinese characteristics, thus providing more robust constitutional guarantees for Party leadership.

Efforts have been made to improve China's socialist legal system centered around the Constitution; relevant laws and mechanisms have been improved accordingly so as to enhance effective implementation of our Constitution. We have improved the constitutional oversight system. Efforts have been made to strengthen the system and capacity for constitutionality and filing review. As a result, the level of constitutional oversight has steadily improved.

National Constitution Day has been established along with an oath-taking system; extensive promotion activities regarding our Constitution have taken place, resulting in significantly increased awareness among society about its content as well as understanding about rule by law concepts. In accordance with the Constitution and the Basic Laws, full exercise is given effectively over overall jurisdictional power concerning special administrative regions (SARs); the Law of the People's Republic of China on Safeguarding National Security in the Hong Kong Special Administrative Region has been enacted and implemented. This provides stronger legal guarantees for the practice of One Country, Two Systems.

The facts show that in the past decade of the New Era, China's constitutional institution building and oversight over constitutional implementation have achieved significant results. The awareness of the Constitution has been significantly enhanced throughout the Party and society, and fruitful achievements have been made in socialist rule of law.

In the process of adhering to and developing socialism

with Chinese characteristics in the New Era, our Party has reviewed and applied historical experience, comprehensively implemented the Constitution, boldly promoted innovation in constitutional theory and practice, accumulated a wealth of fresh experiences, and deepened our understanding of the laws governing China's constitutional institution building.

Firstly, it is necessary to adhere to CPC leadership. The Constitution confirms the leading position of the CPC. This is not only its underlining feature but also a fundamental guarantee for its comprehensive implementation. Only the Communist Party of China can adhere to the principle of serving the public and governing for the people, fully promote democracy, lead the people in formulating a constitution that reflects their will, guide the implementation of the Constitution by the people, and ensure that our country's constitutional development follows the correct political direction.

Secondly, we must adhere to the principle of people running their own country. The fundamental purpose of the Party leading the people in formulating and implementing the Constitution is to safeguard their interests, reflect their will, protect their rights and promote their wellbeing. To ensure equality before law for everyone, we must do the following:

- uphold the unity of Party leadership, the running of the country by the people, and law-based governance.
- develop whole-process democracy.
- integrate the people-centered development philosophy into legislation, law enforcement, judicial processes and compliance with laws.
- accelerate efforts to improve legal systems that ensure fairness in rights, opportunities and rules.
- guarantee citizens' personal rights, property rights, personality rights and basic political rights from infringement.
- ensure that citizens' economic, cultural and social rights are implemented.

Thirdly, we must uphold constitution-based governance and government administration. Our country's Constitution is our Party's fundamental legal basis for long-term governance. To ensure effective law-based governance by the people under CPC leadership, we must do the following:

- uphold constitution-based governance and government administration.
- integrate efforts to ensure that the Party provides overall leadership and coordinates the efforts of all with those of various organs such as all people's congresses, governments, committees of the Chinese People's Political

Consultative Conference, supervisory agencies, judicial organs, and procuratorial organs to fulfill their functions in accordance with laws and regulations.

- unify Party leadership over formulating and implementing the Constitution with its activities within constitutional limits.

Fourthly, we must uphold the supreme status of the Constitution as China's fundamental law. The Constitution embodies both unified wills and common aspirations of our Party and people. It represents the highest expression of national will, and bears overall, principled, programmatic, and guiding significance. It stipulates major systems and issues concerning state affairs, and plays a comprehensive, principled, programmatic, and directive role in state and social life. The Constitution is the basis and source of all laws and regulations in our country. It has the highest legal status, authority and effectiveness. We must uphold the supreme state of the Constitution as our fundamental law and resolutely safeguard and implement constitutional provisions, principles, and guidelines to ensure national unity, legal uniformity, and unified decrees.

Fifthly, we must institutionalize and standardize the implementation of the Constitution and its oversight. The life of a constitution lies in its implementation, while its authority also depends on implementation. We must use a scientific, effective, systematic and comprehensive system of rules to guarantee the implementation of the Constitution. This includes forming a complete system of legal norms, an efficient system for implementing rule of law, a rigorous system for supervising rule of law, and a strong system for ensuring rule of law. We should establish an improved intra-Party regulatory framework, strengthen constitutional oversight, to ensure that the system and governance for governance systems is modernized and a modern socialist country is built under the track of rule of law.

Sixthly, we must uphold the authority and dignity of the Constitution. Upholding the authority of the Constitution means upholding the authority of common wills between the Party and the people; defending dignity means defending the common dignity between the Party and the people; ensuring implementation of the Constitution means ensuring fundamental interests for the people. All the Chinese people, national organs, military forces, political parties, social organizations, businesses, and public institutions must take the Constitution as their fundamental guideline in activities. They have responsibilities to safeguard the dignity of the Constitution and guarantee its implementation. The Constitution shall not be overridden with privileges from any organization or individual. Any behavior violating the Constitution or laws must be held accountable.

Seventhly, we must keep improving and developing the Constitution in line with changing times. As part of the superstructure, the Constitution needs to adapt to changes in the economic base, reflect historical progress made by our Party and people, and constantly improves and develops along with the development of socialism with Chinese characteristics achieved by our people under CPC leadership. Only by keeping up with the times and people's aspirations, following the rule of law, maintaining the continuity, stability and authority of the Constitution, promoting its adaptation to new situations, absorption of new experiences, recognition of new achievements and formulation of new norms can we maintain vitality for our Constitution.

The Party's 20th National Congress has made comprehensive plans for the development of our Party and country in the new journey in the New Era. It emphasizes the need to give better play to the Constitution's important role in China's governance and give better play to the role of the rule of law in consolidating foundations, ensuring stable expectations, and delivering long-term benefits, and strive to build a modern socialist country in all respects under the rule of law. We must implement decisions made at the 20th National Congress, resolutely follow the socialist rule of law path with Chinese characteristics, enhance constitutional awareness, strengthen the implementation of the Constitution, and fulfill the constitutional mission, to write a new chapter for China's constitutional practice in the New Era.

Firstly, we must adhere to and strengthen the overall leadership of the Party over constitutional work, giving full play to the remarkable advantages and important role of our country's constitutional system. Our country's Constitution is an inevitable result derived from historical logic, theoretical logic, and practical logic through long-term struggle under Party leadership. Without CPC leadership, it would be impossible to ensure comprehensive implementation and effective enforcement of our country's Constitution.

We must adhere to and strengthen the Party's overall leadership in constitutional work to ensure the correct political orientation of the development of our country's Constitution and its comprehensive implementation and effective enforcement. We must give a better play to the role of the Constitution in upholding CPC leadership, ensuring that the people run the country, promoting reform, opening up and socialist modernization, advancing the process of building a socialist rule of law state, promoting comprehensive development of human rights, and safeguarding national unity, ethnic solidarity and social harmony and stability. We must have confidence in our political system and unwaveringly follow the path of socialist political development with Chinese characteristics. We must uphold and improve China's socialist system with Chinese characteristics. We must not waver in upholding the CPC's leadership position as determined by the Constitution or in adhering to our state system of people's democratic dictatorship and the political system of people's congresses. We will never copy or imitate foreign models or practices.

Secondly, the implementation of the Constitution should be integrated into all aspects of governance and continuous efforts should be made to enhance the Party's ability to govern and administer in accordance with the Constitution. The Constitution is the general program for governing and safeguarding the country, serving as the fundamental legal basis for our Party's governance. It is also the highest legal norm for national political and social activity. To improve the Party's ability to govern and administer in accordance with the Constitution, it is necessary to implement the Constitution in all practices that ensure coordinated implementation of the five-sphere integrated plan[①] and the four-pronged comprehensive strategy. This implementation should extend across various fields such as reform, development, stability, domestic affairs, foreign relations, national defense, Party self-governance, state governance, and military administration in order to comprehensively promoting rule of law in all aspects of national work.

As the Party leads the people in formulating the Constitution and laws, it must take the lead in respecting and implementing the Constitution. It should be adept at making its propositions become national will through legal procedures, ensuring that candidates recommended by the Party organization become leaders of state power organs through legal procedures, and exercising leadership over the state and society through national power organs. It should support state power organs, administrative organs, supervisory organs, judicial organs, and procuratorial organs to independently and coordinately carry out their work in accordance with the Constitution and laws. The implementation of the Constitution and laws should

① The five-sphere integrated plan is to promote coordinated economic, political, cultural, social, and ecological advancement be integrated into all stages of decision-making by Party committees at all levels. We must adhere to decision-making and implementation based on law, uphold a bottom line that is not in conflict with the Constitution or laws, and ensure that our decisions can withstand historical scrutiny as well as scrutiny from the people.

Thirdly, we should accelerate the improvement of the socialist legal system with the Constitution as its core and continuously enhance the comprehensiveness, systematicity, and coordination of the legal regulatory system. To adhere to legislation based on law, it is essential to adhere to legislation based on the Constitution. We must resolutely incorporate constitutional provisions, principles, and guidelines into legislation and reflect them in all laws and regulations. No law, administrative regulation or local statute shall contradict the Constitution; any laws or regulations that violate or deviate from constitutional provisions, principles, or guidelines must be corrected.

We should improve legislative systems and mechanisms, promote scientific legislation, democratic legislation, and legislation based on law; coordinate the legislative enaction, revision, repealing, interpretation, and editing processes; and enhance the systematicity, integrity, synergy, and timeliness of legislations. We should fully exert the core position function of the Constitution in legislation; strictly follow constitutional requirements in every legislative process; strive to ensure that each piece of legislation complies with constitutional guidelines, reflects constitutional authority, and guarantees implementation of the Constitution. We should implement responsibilities granted by the Constitution to people's congresses at various levels and their standing committees; give full play to their leading role in legislative work; and expand orderly participation channels for people in legislations. We should strengthen legislations in key areas, emerging fields, and foreign-related fields. We should improve necessary legal systems urgently needed for promoting national governance, satisfying growing needs for a better life, and maintaining national security. We should accelerate construction of a system of laws for extraterritorial application. We should adhere to a systematic approach, fully perfect systems for laws, administrative regulations, military regulations, supervisory regulations, and local statutes; and make our legal system more scientific, complete, unified and authoritative in order to maintain national rule of law unity.

Fourthly, we should strengthen institutional frameworks ensuring comprehensive implementation of the Constitution and constantly improve constitutional implementation and oversight. To establish sound institutional frameworks ensuring comprehensive implementation of the constitution, we must do the following:

- fully implement constitutional provisions principles, and guidelines.

- systemically advance constitutional implementation, interpretation, and oversight.

- promote the building of a legal normative system, an implementation system for the rule of law, a guarantee system for the rule of law, and an oversight system for the rule of law and a system of intra-Party regulations.

- ensure the complete, accurate and comprehensive implementation of the Constitution.

We should improve the working mechanism for directly implementing relevant provisions of the Constitution, and fully leverage its important role in addressing major risks and challenges, implementing the One Country, Two Systems policy, advancing the national reunification process as well as safeguarding national security and social stability. We should enhance the constitutional oversight system by improving the institutions, standards, and procedures of oversight. Efforts should be made to improve capabilities and quality in conducting constitutionality review and filing examination. Constitutionality review work needs to be advanced while implementing mechanisms for constitutional interpretation procedures to actively respond to societal concerns regarding constitutional issues.

Fifthly, we should strengthen research and promotion of constitutional theory to enhance the persuasiveness and influence of China's constitutional theory and practice. The foundation of the Constitution lies in the heartfelt support of the people, and its greatness comes from their sincere belief. Therefore, we must adopt a coordinated approach involving promotion, education, and research. To achieve this goal, we need to promote widespread knowledge about the Constitution through theoretical interpretation and conceptual guidance. We should deepen public understanding of the Constitution by bringing it closer to the people so that implementing it becomes a conscious action for all citizens.

In order to improve constitutional education, we should focus on activities such as swearing allegiance to the Constitution, commemorating our Constitution, and promoting national symbols and emblems. This will help regularize long-term efforts in promoting constitutional education. Key areas of focus include leading officials who play a crucial role in society and major groups such as young people internet users. We can utilize key carriers such as commemorative events, oaths related to our Constitution, and teaching materials on it. In addition, schools, communities, media outlets among other important arenas should be targeted for extensive efforts in promoting constitutional education. Furthermore, we need to strengthen research on China's constitutional theory based on contemporary Chinese systems with actual practices. This involves extracting defining concepts and original viewpoints while enhancing China's disciplinary, academic, and discourse systems for the Constitution and consolidating the guiding position of China's constitutional theory in legal education. It is also important to confidently highlight significant advantages and strong vitality regarding our institutional framework and theoretical foundations when telling compelling stories about China's Constitution while firmly opposing any distortions, slanders or attacks against it.

Mao Zedong once said when leading efforts toward drafting the first Constitution of the People's Republic of China: "Now we want unity among all our nation's peoples—unity among all forces that can be united—so that we can build a great socialist state together. This is why this Constitution has been written." We must fully implement our

Constitution across all aspects, advance comprehensive law-based governance, and promote the construction of a law-based country. We must unite in our struggle to complete a great modern socialist country, achieve the Second Centenary Goal of building China into a modern socialist country in all respect and promote the rejuvenation of the Chinese nation through our unique path toward modernization.

Ⅰ. The Legislative and Oversight Work of the National People's Congress and Its Standing Committee

In 2022, the National People's Congress (NPC) and its Standing Committee enacted 6 laws, revised 10 laws, made 7 decisions and resolutions on relevant legal issues and major matters, and issued 1 legal interpretation. As of the end of December 2022, there are a total of 295 effective laws in China.

1. Promoting the implementation of the Constitution through a sound legal system

The Constitution played a central role in legislation at every stage. In accordance with the law, the NPC and its Standing Committee conducted constitutionality review on proposed draft laws and decisions/resolutions in 2022. Different arrangements were made to ensure that every law, institutional arrangement, and provision complied with constitutional provisions, principles, and guidelines.

● Revising the Organic Law of the Local People's Congresses and Local People's Governments.

In March, during the Fifth Session of the 13th NPC, the Organic Law of the Local People's Congresses and Local People's Governments was revised. This revision adheres to the Party's overall leadership, upholds the development of whole-process people's democracy, and improves the organizational and operational systems of local people's congresses and local governments. It is beneficial for ensuring that all local state organs and administrative organs exercise their powers in accordance with the law and modernizing the system and capacity for governance.

● Revising the Rules of Procedure of the NPC Standing Committee

In June, the NPC Standing Committee revised the Rules of Procedure of the NPC Standing Committee, implementing the decisions and arrangements of the Party Central Committee and the provisions of the revised Constitution and the Organic Law of the National People's Congress. It summarized new experiences and achievements in the practice of the system people's congresses, improves the meeting system and work procedures of the NPC Standing Committee, promoted the quality and efficiency of its meetings, and better embodied the major concept of whole-process people's democracy, ensuring that the people run the country.

- Ensuring the comprehensive and accurate implementation of the Law of the People's Republic of China on Safeguarding National Security in the Hong Kong Special Administrative Region and safeguarding the constitutional order of the Hong Kong Special Administrative Region as defined by the Constitution and the Basic Law

In December, the NPC Standing Committee issued an interpretation of Articles 14 and 47 of the Law of the People's Republic of China on Safeguarding National Security in the Hong Kong Special Administrative Region. Based on the provisions of the Constitution and the Law of the People's Republic of China on Safeguarding National Security in the Hong Kong Special Administrative Region, it clarified the meaning of the relevant articles, specified the ways and paths to address related issues, and promptly and properly resolved problems encountered in the implementation of the Law of the People's Republic of China on Safeguarding National Security in the Hong Kong Special Administrative Region, providing strong legal guarantees for safeguarding national sovereignty, security, and development interests. This interpretation is an important measure taken by the NPC Standing Committee to adhere to the rule of law in governing Hong Kong and to uphold and improve the One Country, Two Systems institutional framework.

● Passing six legal documents related to elections, including the Decision on the Quota and Election of Deputies to the 14th NPC

In March, during the Fifth Session of the 13th NPC, the Decision on the Quota and Election of Deputies to the 14th NPC, the Methods for the Election of Deputies to the 14th NPC from the Hong Kong Special Administrative Region, and the Methods for the Election of Deputies to the 14th NPC from the Macao Special Administrative Region were passed. In April, the NPC Standing Committee passed the Allocation Plan for the Quota of Deputies to the 14th NPC, the Allocation Plan for the Quota of Deputies to the 14th NPC from Ethnic Minorities, and the Election Consultation and Nomination Plan for Deputies from the Taiwan Province to Attend the 14th NPC, laying a legal foundation for the formation of the new state organs of power.

2. Strengthening legislation in key areas

● Using high-quality legislation to serve high-quality development

Enacting the Futures and Derivatives Law. In April, the NPC Standing Committee deliberated and passed the Futures and Derivatives Law. This law is China's first specialized legislation regulating futures and derivatives trading. It establishes a sound system for futures and derivatives trading, provides systematic regulations on futures settlement and delivery, establishes a system for protecting futures traders, regulates the operation of futures trading venues and clearing institutions, strengthens oversight over futures operating institutions and service agencies, and promotes the futures market and derivatives market in serving the economy, preventing and resolving financial risks, and safeguarding economic security.

Revising the Anti-Monopoly Law. In June, the NPC Standing Committee revised the Anti-Monopoly Law, focusing on prominent issues in anti-monopoly efforts, further preventing and curbing monopolistic behaviors, improving relevant institutional rules, and strengthening the punishment for monopolistic practices. This revision provides clear legal basis and robust institutional guarantees for strengthening anti-monopoly measures and preventing unregulated capital expansion.

- Strengthening legislation in national security

Enacting the Reserve Forces Law to improve national defense and military legislation. In December, the NPC Standing Committee deliberated and passed the Reserve Forces Law. This law is a specialized legislation covering the overall reserve forces, adapting to the adjustment and reform of reserve forces, improving the reserve forces system, regulating the management of reserve forces, safeguarding their legitimate rights and interests, and ensuring the effective fulfillment of their duties and missions. It provides important legal guarantees for the transformation and modernization of reserve forces, promoting modernization, and upholding the rule of law.

- Improving legislation in livelihood security and social governance

Enacting the Law on Countering Telecom and Online Fraud. In September, the NPC Standing Committee deliberated and passed the Anti-Telecom Network Fraud Law. This law implements the decisions and arrangements of the Party Central Committee, adheres to the people-centered principle, coordinates development and security, and focuses on the governance of telecommunications, finance, and the Internet. It adopts comprehensive measures to strengthen industry governance and other legal responsibilities and addresses various aspects of telecom network fraud, including information, funds, technology, and personnel. It establishes preventive institutional norms, adopts a legislative approach characterized by targeted and efficient measures, and provides strong legal support for combating and governing telecom network fraud, playing an important role in protecting the property security of the people and maintaining social harmony and stability.

Revising the Vocational Education Law. In April, the NPC Standing Committee revised the Vocational Education Law, focusing on promoting employment and entrepreneurship, accelerating the training of technical and skilled personnel, enhancing the role of enterprises as important entities, improving social recognition, and perfecting institutional and policy measures for guarantee. It elevates policy measures and practical achievements in vocational education reform and development to the level of legal norms, laying a solid legal foundation for building a modern vocational education system based on the rule of law.

Revising the Sports Law. In June, the NPC Standing

Committee revised the Sports Law, focusing on maintaining a sound order for sports development, promoting deepening sprots reforms, and better meeting the needs of people's sports rights and interests. The revision provides a strong legal guarantee for modernizing the system and capacity for sports governance, accelerating the building of China into a country strong on sports, and promoting the development of a Healthy China.

Revising the Agricultural Product Quality and Safety Law. In September, the NPC Standing Committee revised the Agricultural Product Quality and Safety Law, further improving the responsibility mechanism for agricultural product quality and safety. The revision establishes the strictest standards, regulations, punishments, and accountability in various aspects, including the origin, production, sales, circulation, and oversight over agricultural products. It regulates agricultural production and business activities, ensures the quality and safety of agricultural products, and continuously meets the growing needs of the people for a better life.

Revising the Law on the Protection of Women's Rights and Interests. In October, the NPC Standing Committee revised the Law on the Protection of Women's Rights and

Interests, implementing the national policy of gender equality, enhancing woman's rights and interests in areas such as politics, personal and individual rights, cultural education, labor and social security, property, marriage, and family. It improves relevant systems and mechanisms, addresses practical difficulties and issues, better safeguards women's legitimate rights and interests, and promotes their well-rounded development.

Revising the Animal Husbandry Law. In October, the NPC Standing Committee revised the Animal Husbandry Law, strengthening the protection and utilization of animal and poultry genetic resources, encouraging independent innovation in animal and poultry breeding, regulating animal and poultry farming, the utilization of manure resources, and slaughter practices. The revision supports the development of grassland animal husbandry and promotes the high-quality development of modern animal husbandry, while guarding against public health risks.

- Accelerating legislation in eco-civilization

Enacting the Black Soil Protection Law. In June, the NPC Standing Committee deliberated and passed the Black Soil Protection Law. This law establishes a targeted and systematic black soil protection system, strengthens government coordination, enhances protection and governance restoration, strengthens oversight responsibilities, and protects black soil, known as the "giant panda in cultivated land", through the rule of law. It promotes sustainable resource utilization, maintains ecological balance, and guarantees national food security.

Enacting the Yellow River Protection Law. In October, the NPC Standing Committee deliberated and passed the Yellow River Protection Law. This law elevates the mature experience and exploratory practices of Yellow River protection and governance to legal provisions. It comprehensively regulates planning and management, ecological protection and restoration, water resource conservation and intensive utilization, water and sediment regulation and flood safety, pollution prevention and control, promotion of high-quality development, and protection and inheritance of Yellow River culture. It safeguards the harnessing of the Yellow River through the rule of law.

Revising the Wildlife Protection Law. In December, the NPC Standing Committee revised the Wildlife Protection Law, upholding the concept of eco-civilization. The revision adheres to the principles of prioritizing protection, regulating utilization, and enforcing strict oversight. It strengthens the protection and restoration of important ecological systems, improves the system for wildlife protection and management, increases the punishment for illegal activities, ensures the connection with other relevant laws such as the Biosafety Law, Animal Epidemic Prevention Law, Animal Husbandry Law, further prevents public health risks, safeguards life and health of the people, promotes green development, and fosters harmony between humans and nature.

In 2022, the NPC Standing Committee also deliberated on the Emergency Response Management Law, Civil Enforcement Law, the Law on Building a Barrier-Free Living Environment, Foreign Relations Law, Qinghai-Tibet Plateau Ecological Conservation Law, Rural Collective Economic Organization Law, Value-Added Tax Law, Financial Stability Law, Draft Law on Foreign State Immunity, draft amendments to the Civil Procedure Law and Administrative Procedure Law, as well as draft revisions to the Administrative Reconsideration Law, Company Law, Anti-Espionage Law, Marine Environmental Protection Law, and Charitable Organizations Law. The draft amendment to the Legislation Law was decided to be submitted to the First Session of the 14th NPC for deliberation after the December meeting of the NPC Standing Committee.

3. Providing legal guarantees for deepening reforms in related fields

● Deepening the reform pilot of the rural homestead system and explore the system of mortgage rights for homestead use rights

In June, the NPC Standing Committee reviewed the draft decision regarding authorizing the State Council to temporarily adjust the implementation of relevant legal provisions in the administrative areas of pilot rural homestead system reform, including Changping District in Beijing.

● Revising the Foreign Trade Law to further optimize the business environment

In December, the NPC Standing Committee made a decision to revise the Foreign Trade Law, canceling the record registration of foreign trade operators. This is a major reform measure foreign trade management, which is conducive to unleashing the potential for foreign trade growth, promoting high-quality development of trade, and advancing high-level opening up.

● Ensuring the smooth implementation of reforms in the judiciary, national defense, and the military

In February, the NPC Standing Committee made a

decision to establish the Chengdu-Chongqing Financial Court, serving and guaranteeing the development of the Chengdu-Chongqing Economic Circle. It also made a decision on the system of active-duty soldier ranks in the Chinese People's Liberation Army, clarifying the nature, level, titles, and specific norms of soldier ranks.

4. Implementing the significant concept of whole-process people's democracy in legislative work

The NPC Standing Committee comprehensively implemented the requirements of developing whole-process people's democracy, improved the systems and mechanisms of well-conceived, democratic, and law-based legislation. It solidly carried out legislative-related work and accelerated the pace of legislation while ensuring the quality of legislation.

First, it gave full play to the leading role of the NPC in legislative work. In 2022, among the draft laws and draft decisions reviewed by the NPC Standing Committee, 15 were drafted by relevant special committees and working committees.

Second, it adhered to soliciting public opinions on draft laws. A total of 26 draft laws were publicly solicited for opinions through the website of the NPC, receiving 408, 635 opinions from 119, 130 individuals.

Third, it expanded the breadth and depth of the participation of NPC deputies in legislative work. More NPC deputies were invited to participate in legislative research, drafting, argumentation, evaluation, and other work of the Standing Committee. The opinions of representatives in relevant fields were specifically sought for important draft laws.

Fourth, it strengthened the establishment of legislative contact points. The number of grassroots legislative contact points of the Legislative Affairs Commission of the NPC Standing Committee increased to 32 (including the legislative contact point of China University of Political Science and Law), achieving full coverage of all provinces, autonomous regions, municipalities directly under the central government, and stimulating the establishment of over 5, 500 legislative contact points at the local level.

Fifth, it strengthened the guidance and coordination of legislative work at the local level. The 28th National Forum on Local Legislation was held, and training courses on local legislation were organized. It implemented whole-process people's democracy, gave play to the role of grassroots legislative contact points, and accelerated the formulation of local regulations that are urgently needed for social governance and meet the growing needs of the people for a better life.

5. Oversight work of the NPC Standing Committee

In 2022, the NPC Standing Committee effectively exercised the oversight power granted by the Constitution, focusing on major decisions and arrangements of the Party Central Committee and the aspirations of the people. It carried out correct, effective, and lawful oversight, coordinated the use of various oversight methods, ensured the effective implementation of laws, and ensured the correct exercise of administrative power, supervisory power, judicial power, and procuratorial power in accordance with the law. Throughout the year, it conducted inspections on the implementation of five laws, listened to and deliberated 22 reports, conducted one special inquiry, and conducted eight special investigations.

- Inspecting the implementation of laws

The NPC Standing Committee conducted inspections on the enforcement of the Science and Technology Popularization Law. It focused on the level of scientific literacy among the general public, the institutional mechanisms for popular science work, the development of talent teams, the effectiveness of public science services, and the capacity to guarantee the development of popular science. This was the first enforcement inspection conducted by the NPC Standing Committee on the Science and Technology Popularization Law since its promulgation and implementation 20 years ago. It further promoted the high-quality development of science and technology popularization in the New Era and provided a solid and reliable basis for the revision of the Science and Technology Popularization Law.

The Standing Committee conducted inspections on the enforcement of environmental protection laws. It focused on the implementation of statutory responsibilities, supporting regulations for ecological environmental protection, pollution prevention and control, ecological protection and restoration, and law enforcement oversight over ecological environmental protection. The year 2022 was the fifth consecutive year that the NPC Standing Committee conducted inspections on the implementation of important laws on ecological environmental protection. It made contributions to protecting the ecological environment on the track of the rule of law and promoting green, low-carbon development and the development of a modern society characterized by harmony between humans and nature.

The Standing Committee conducted inspections on the enforcement of the Law on Promoting Rural Revitalization. It focused on the mechanisms for promoting rural revitalization, the industrial foundation, common prosperity in rural areas, talent guarantees, rural social civilization, and rural ecological environment governance. It promoted the comprehensive implementation of the strategy of rural revitalization, the orderly advancement of comprehensive agricultural upgrading, all-around rural progress, and well-round development of farmers, and accelerated the modernization of agriculture and rural areas.

The Standing Committee carried out law enforcement inspections of the Foreign Investment Law, with a focus on the development of supporting systems, work mechanisms, protection and regulation of foreign investment rights and interests, and legal popularization, to help stabilize foreign trade and investment, build a higher-level open economic system, and create a market-oriented, rule of law, and internationalized business environment.

The Standing Committee carried out law enforcement inspections of the Yangtze River Protection Law, with a focus on pollution prevention and control, ecological environment restoration, green development, development of supporting regulations, law enforcement oversight, and cooperative mechanisms in the Yangtze River Basin, to prioritize environmental conservation and green development, coordinated efforts for major protection without large-scale development, and the lawful governance, protection, and development of the Yangtze River.

During the process of conducting law enforcement inspections and special inquiries, members of the NPC Standing Committee put forward suggestions and recommendations on improving legal systems, promoting the implementation of laws, and strengthening and improving relevant work. The State Council and relevant departments attached great importance to these suggestions and recommendations and proposed and implemented a series of improvement and implementation measures.

● Listening to and deliberating on special work reports and conducting research

The NPC Standing Committee promoted high-quality economic development. It heard and deliberating on the report of the State Council on the implementation of the 2022 economic and social development plan and the draft plan for the 2023 economic and social development plan, promoted the comprehensive, accurate, and full implementation of the new development philosophy by the State Council and the National Development and Reform Commission, accelerated the construction of a new development pattern, promoted high-quality development, deepened supply-side structural reform, efficiently coordinated epidemic prevention and control with economic and social development, and better coordinated development and security. It continued to ensure stability on six fronts and maintain security in six areas. * It heard and deliberated on the report of the State Council on the development of the digital economy, promoted the transformation and upgrading of traditional industries through empowerment, fostered new industries, new forms of business, and new models, and continuously strengthened and improved China's digital economy. It heard and deliberated on the mid-term report of the State Council on the temporary adjustment and application of laws related to the reform to separate operating permits from business licenses, deepened

---

* The six fronts refer to employment, the financial sector, foreign trade, foreign investment, domestic investment, and expectations. The six areas refer to job security, basic living needs, operations of market entities, food and energy security, stable industrial and supply chains, and the normal functioning of primary-level governments.

the relevant reform, optimized the business environment, and accelerated the improvement of the socialist market economy. The Standing Committee heard and deliberated on the report of the State Council on the distribution and use of fiscal and social security funds, supporting the development of a fairer and more sustainable social security system. It also heard and deliberated on the report of the State Council on financial work, summarizing the main progress and achievements in financial work in the New Era, proposed deepening financial reforms, continuously strengthened the capacity for financial risk prevention and control, and promoted the development of China's financial sector with Chinese characteristics. This was the first time that the NPC Standing Committee listened to and deliberated the report on financial work by the State Council after the revision of the decision on strengthening the oversight over economic work. The Standing Committee conducted research on further improving the individual income tax system conducive to income distribution regulation, promoted the reform of the individual income tax system, improved the direct tax system, and promoted common prosperity in high-quality development. It conducted research on the management and reform of local government special bonds to support and promote the government in strengthening and improving the management of special bonds, improving the efficiency of fund utilization, and preventing debt risks. It conducted research on the major project to construct a new land-sea transit routes for the western region to promote integration into the joint pursuit of the Belt and Road Initiative, optimize the regional development pattern, and achieve high-level opening up.

The Standing Committee supported the comprehensive promotion of rural revitalization. It heard and deliberated on the report of the State Council on the effective connection between consolidating and expanding the achievements of poverty alleviation and promoting rural revitalization, supported and solidly carried out key work in rural development, rural construction, and rural governance, firmly prevented large-scale poverty relapse, consolidated and expanded the achievements of poverty alleviation, and effectively promoted the comprehensive revitalization of rural areas. It conducted research on promoting the organic connection between small farmers and modern agricultural development, promoted the high-quality development of new agricultural business entities, improved agricultural management systems suitable for China's national conditions and agricultural conditions, and enabled small farmers to integrate into the development of modern agriculture and the development of demonstration areas for common prosperity. It conducted research on the construction of high-standard farmland and the improvement of saline-alkali land, supported the implementation of the food crop production strategy based on farmland management and technological application in depth, and laid a solid foundation for consolidating and improving food production capacity and ensuring national food security.

The Standing Committee promoted the development of social welfare and ecological environment governance. It heard and deliberated on the report of the State Council on the promotion of children's health, helping to advance the reform and development of children's health care, strengthening the concept of comprehensive health, and improving children's health levels. It heard and deliberated on the report of the State Council on effectively reducing the burden of heavy schoolwork and extracurricular training, promoting the comprehensive and healthy development of students in compulsory education, promoting the improvement of the basic education system, educational ecology, and the pattern of nurturing individuals, providing satisfactory education for the people, and promoting the well-rounded and healthy development of students. It heard and deliberated on the report of the State Council on the progress of strengthening and advancing work related to the elderly, conducting research on the implementation of the national strategy for actively responding to an aging population and promoting the high-quality development of elderly care, improving and perfecting the elderly care system, promoting the high-quality development of elderly care and industries, and effectively ensuring that the elderly are provided for, supported, happy, secure, and engaged. It heard and deliberated on the report of the State Council on employment work, assisting in implementing the priority of employment strategy, promoting employment expansion and upgrading, ensuring reasonable fairness and smoothness, and providing important support for economic development and improvement of people's livelihood. It heard and deliberated on the report of the State Council on the governance of illegal entry, illegal residence, and illegal employment of foreigners, assisting in comprehensively strengthening the management and services for foreigners, continuously improving the governance level of illegal entry, illegal residence, and illegal employment, safeguarding national security, and creating a safe and stable social environment. It conducted research on fostering a sense of community for the Chinese nation, promoting the integration of a sense of community for the Chinese nation through out the entire process of national work in the New Era, and advancing the construction of a Chinese nation community. It heard and deliberated on the report of the State Council on the annual environmental conditions and the completion of environmental protection goals, the report on the inspection and deliberation of the enforcement of the NPC Standing Committee's Law on the Prevention and Control of Environmental Pollution by Solid Waste, and the report on research and handling, assisting in strengthening eco-civilization in the current context, coordinating efforts to reduce carbon emissions, control pollution, expand green areas, and achieve growth, consolidating the achievements of the battle for blue skies, clean waters, and pure land, and building a Beautiful China.

The NPC Standing Committee promoted the law-based exercise of supervisory power, judicial power, and procuratorial power. It heard and deliberated on the report of the Supreme People's Court on the implementation of the decision on several issues concerning the litigation procedures of patent and other intellectual property cases, promoting the continuous improvement of the judicial protection of intellectual property rights. It aimed to enhance the judicial protection capabilities of intellectual property rights and improve the specialized judicial system for intellectual property, thereby stimulating and protecting the innovation and creativity of the whole of society. The Standing Committee also heard and deliberated on the midterm report of the Supreme People's Court regarding the pilot reform of the functional positioning of the four-level courts. This was done to promote the effective allocation of judicial resources, ensure the correct and unified application of laws, and better meet the diverse judicial needs of the people. Furthermore, the Standing Committee heard and deliberated on the report of the Supreme People's Court on the work of the people's courts in foreign-related trials. This was aimed at safeguarding national sovereignty, security, and development interests, as well as creating a market-oriented, rule of law, and internationalized business environment. Additionally, the Standing Committee heard and deliberated on the report of the Supreme People's Procuratorate on the work of the people's procuratorates in conducting juvenile prosecution. This was intended to strengthen comprehensive judicial protection for minors, improve a protection system that combines specialization and socialization, and ensure the healthy growth of minors and promote social harmony and stability. Special investigations were conducted on the standardization, legalization, and institutionalization of the work of supervisory organs to promote the deepening of the reform of the disciplinary inspection and supervision system and forge a high-quality and professional disciplinary inspection and supervision force.

- Strengthening the review and oversight over the budgets and final accounts and the oversight over state-owned assets

The NPC Standing Committee heard and deliberated on reports from the State Council on the 2021 central final accounts report and the draft central final accounts, the execution of the 2022 central and local budgets and the draft central and local budgets for 2023, the audit work report on the execution of the 2021 central budget and other fiscal revenues and expenditures, and the report on the rectification of problems found in audits. The Standing Committee reviewed and approved the 2021 central final accounts and adhered to the working principle of seeking progress while maintaining stability, promoted the comprehensive improvement of the effectiveness of a proactive fiscal policy, deepened the reform of the fiscal and taxation system, and advanced fiscal management, effectively coordinating epidemic prevention and control with economic and social development. It also heard and deliberated on the comprehensive report of the State Council on the management of state-owned assets in 2021. This was the fifth consecutive year that the NPC Standing Committee reviewed the annual comprehensive report on the management of state-owned assets by the State Council, which comprehensively summarized the governance of state-owned assets over the past five years, basically clarified the status of state-owned assets, further improved the management structure and system covering all aspects and calibers, and took state-owned asset oversight to a new level. The Standing Committee implemented the Guidelines on Strengthening the Examination and Supervision of Government Debt by Local People's Congresses, issued specific implementation opinions, and effectively promoted local people's congresses to strengthen the examination and oversight over government debt. High-quality progress was made in the construction and use of the budget online oversight system, and the second phase of the budget online oversight system was officially launched and applied. The system construction was completed by the people's congresses of 31 provinces, autonomous regions, municipalities directly under the central government, more than 90% of prefecture-level cities, and more than 80%

of counties and districts.

● Making efforts to carry out the review and approval of normative documents

Adhering to the principles of mandatory filing for all documents, review for all filings, and rectification for all errors, progress was made in the construction of the filing and review system. Throughout the year, a total of 1, 172 administrative regulations, local regulations, autonomous regulations and separate regulations, economic special zone regulations, judicial interpretations, and laws of special administrative regions were reviewed and filed for administrative record, taking into account different circumstances. In 2022, 4, 829 review suggestions were received from individuals and organizations. Based on the research and handling of review suggestions, active efforts were made to address issues of widespread concern to the people, ensuring the implementation of whole-process people's democratic rights. Special efforts were made to carry out centralized cleaning and special review of normative documents on property management and maternity insurance. The Work Procedures for the Formulation and Review of Regulations and Judicial Interpretations were formulated to strengthen formal review and urge authorities to correct 56 regulations with filing problems in a timely manner. The revised Organic Law of Local People's Congresses and Local People's Governments was implemented to promote the establishment of a standardized reporting system for local people's congress standing committees to listen to and review the filing and review of normative documents. Explorations were made to establish a case guidance system for filing and review, promote the resolution of common problems in local legislation, and unify review standards and criteria.

Ⅱ. Law-Based Government Administration

In 2022, the Chinese government adhered to the comprehensive fulfillment of its functions in accordance with the law and deeply implemented the Program for Building a Law-Based Government (2021-2025), making solid progress and achievements in the development of a law-based government.

1. Legislative work of the State Council

In 2022, the State Council submitted 6 legislative proposals to the NPC Standing Committee for deliberation, formulated 2 administrative regulations, revised 17 administrative regulations, and abolished 6 administrative regulations. There were 17 treaties the State Council submitted to the NPC Standing Committee for deliberation and approval and were approved by the State Council.

● Formulating the Regulations on Promoting the Development of Self-Employed Individuals

In October, the State Council announced the Regulations

on Promoting the Development of Self-Employed Individuals to further clarify the legal status of self-employed individuals. It coordinated development and security, assistance and cultivation, vitality and order, implemented differentiated assistance, optimized the business environment, strengthened rights protection, promoted the sustained and healthy development of self-employed individuals.

- Formulating the Management Measures for Concluding Treaties

In October, the State Council announced the Management Measures for Concluding Treaties to further improve and optimize the relevant procedures based on the summary of practical experience and relevant provisions, enhance operability, standardize the procedures for concluding treaties, and strengthen the management of treaty conclusion affairs. The Measures specify key issues to be reported to the Party Central Committee, the criteria for determining the name on behalf of concluding a treaty, the scope of treaties recommended by the State Council for approval by the NPC Standing Committee and approved by the State Council, the procedures for handling treaties in the Hong Kong Special Administrative Region and the Macao Special Administrative Region, the domestic legal review of treaties, and the institutional design of certain procedures.

● Revising the Regulations on the Protection and Management of Underwater Cultural Heritage of the People's Republic of China

In January, the State Council revised the Regulations on the Protection and Management of Underwater Cultural Heritage of the People's Republic of China to implement the guiding principles and requirements of the Party Central Committee and the State Council regarding cultural heritage protection work, fully consider the particularity of underwater cultural heritage protection work, address prominent issues in underwater cultural heritage protection practices, further clarify the management system and law enforcement mechanisms, improve the system of underwater cultural heritage protection areas, and standardize activities such as underwater cultural heritage archaeological surveys, exploration, and excavation.

● Revising the Regulations on Geographical Names Management

In March, the State Council revised the Regulations on Geographical Names Management, which stipulate the coordination mechanism for the management of geographical names by people's governments at or above the county level, the administrative authority for managing geographical names, procedures for naming and renaming geographical names, standards for the use of geographical names, protection of geographical name culture, and penalties for violations of the regulations. The revision strengthened and standardized the management of geographical names, met the needs of economic and social development, people's lives, and international exchanges, and inherited and developed the best of Chinese culture.

- Reviewing administrative regulations

The State Council continued to revise or abolish a comprehensive package of administrative regulations related to advance the reform to separate operating permits from business licenses, cancel unreasonable penalty provisions, and undertake the adjustment of the family planning policy. It revised 14 administrative regulations such as the Administrative Regulations for Foreign-Invested Telecommunications Enterprises, Regulations on the Administration of Medical Institutions, and Regulations on the Administration of Internet Access Service Places. Additionally, six administrative regulations, including the Provisional Regulations of the State Council on General Aviation Management, were repealed. A mid-term evaluation of the adjustment of laws and regulations and an assessment of the authorized legislative system and its implementation were conducted diligently.

- Filing and reviewing regulations and statutes

In 2022, the State Council reviewed more than 1,900 reports of local regulations and departmental regulations submitted to it for filing. It handled the problems identified in the regulations and statutes in accordance with legal procedures and authorities.

- Promoting the comprehensive implementation of the legality review mechanism for administrative normative documents

The State Council organized regions and departments to identify existing problems and propose measures for improvement. It organized the selection of guiding case studies for the legality review of national administrative normative documents, with 103 cases submitted by regions and departments. It researched and explored the regional integration of legality review for administrative normative documents and promoted the integration of legality review for administrative normative documents in the Yangtze River Delta.

2. Law-based government administration

● Carrying out inspections on the development of a law-based government

The State Council conducted inspections on the development of rule of law at the city and county levels. It organized eight inspection teams to conduct onsite inspections in eight provincial-level administrative areas, including Shanxi and Liaoning. It summarized 16 typical experiences and identified over 200 issues. It explored the oversight over major rule of law events, paid attention to and promoted the handling of over 30 major rule of law events involving abuse of power and non-standard law enforcement, and promoted law-based government administration and decision-making.

● Carrying out activities to demonstrate and create a law-based government

After written evaluation, onsite evaluation, public satisfaction survey, and social publicity, 50 comprehensive demonstration areas and 59 individual demonstration projects were finally determined. The State Council organized and coordinated more than 130 experts and scholars from over 50 units to participate in third-party evaluation. The number of telephone interviews for public satisfaction survey exceeds 11 million.

• Promoting strict, standardized, fair, and civilized law enforcement

The State Council deepened the reform of the administrative law enforcement system. It organized pilot projects for the development of coordination and oversight mechanisms for administrative law enforcement at the provincial, city, county, and township levels. It promoted the regularization and standardization of and IT application in administrative law enforcement, improved the work mechanism for supervising major administrative law enforcement cases, and commended 200 national advanced collectives and 400 advanced individuals in administrative law enforcement for the first time, steadily improving the quality of administrative law enforcement. It standardized the formulation and management of administrative discretion benchmarks, formulated the Guidelines of the General Office of the State Council on Further Standardizing the Formulation and Management of Administrative Discretion Benchmarks, accelerated the development of a standardized training system for national administrative law enforcement personnel, and promoted the management of administrative documents, law enforcement equipment, law enforcement certificates, and law enforcement uniforms.

- Promoting administrative adjudication work

The State Council promoted the standardized development of administrative adjudication in key areas and deployed the third group of pilot projects for the standardization of administrative adjudication of patent infringement disputes. It established a system of guiding administrative adjudication cases and gave full play to the exemplary, warning, and guiding role of typical cases.

- Continuing to promote the "less certificates, more convenience" initiative

Since the launch of the "less certificates, more convenience" initiative in 2018, various regions and relevant departments have reviewed and cancelled more than 21,000 certification matters. The Public Criticism: Complaint Supervision Platform for Certification Matters has been operated well, promptly accepting and forwarding complaints from the public related to certification matters, and effectively solving urgent problems faced by the public. Typical cases of advancing the "less certificates, more convenience" initiative were released, inviting experts to comment, and promoting them through major mainstream media. The Decision of the State Council on Cancelling and Adjusting a Batch of Penalty Matters was issued, cancelling or adjusting 95 penalty matters.

• Strengthening administrative reconsideration and litigation work

In 2022, administrative reconsideration authorities at all levels concluded a total of 256,000 administrative reconsideration cases, of which 29,000 correction decisions were made, achieving a correction rate of 13.9%. They strictly handled administrative reconsideration cases closely related to market entities in accordance with the law, with a correction rate of 12.6%. Administrative organs at all levels handled a total of 269,000 first-instance administrative litigation cases during the same period, with a failure rate of 16.1%. Efforts were made to thoroughly implement the Plan for Administrative Reconsideration Reform of the Central Rule of Law Commission. Continued efforts were made to strengthen oversight through methods such as ledger management and research and inspection and promote the comprehensive implementation of the main tasks of the reform. All provinces, autonomous regions, municipalities directly under the central government, and the Xinjiang Production and Construction Corps issued local reform implementation plans, basically achieving the concentration of administrative reconsideration responsibilities at the provincial, municipal, and county levels. In response to the long-term noncompliance with some administrative reconsideration decisions in certain places, a special action was deployed to supervise the implementation of administrative reconsideration decisions and promote the implementation of 972 cases that had not been dealt with in accordance with the law in the previous three years.

- Carry out international cooperation in judicial assistance

In 2022, a total of 330 criminal judicial assistance requests submitted by 42 countries were reviewed and processed, and 11 criminal judicial assistance requests were submitted to eight countries in accordance with the agreements. Requests for the transfer of 102 sentenced persons were processed from 20 countries.

Ⅲ. Judicial and Law Enforcement Reform

The year 2022 was the final year of comprehensively deepening judicial and law enforcement reform since the 19th CPC National Congress, and it was also the beginning of a new round of judicial and law enforcement reform. The judicial and law enforcement authorities continued to deepen the reform of the institutions and mechanisms, further promoting integrated, efficient and deepened reform, and accelerating the formation of a new pattern of comprehensive and in-depth judicial and law enforcement reform.

1. Deepening the reform of the mechanism for the exercise of law enforcement and judicial powers

- Comprehensive deployment and promotion

In July, the Central Judicial and Law Enforcement Commission held a conference to deepen judicial and law enforcement reform across the board, with a focus on the reform of the operation mechanism of law enforcement and judicial powers. Guo Shengkun, member of the Political

Bureau of the CPC Central Committee, member of the Secretariat of the CPC Central Committee, and secretary of the Central Judicial and Law Enforcement Commission, attended the meeting and delivered a speech. At the meeting, comprehensive deployments were made to improve the allocation of powers between the Party committees and judicial and law enforcement commissions and judicial and law enforcement organs, between different judicial and law enforcement organs, between superior and subordinate judicial and law enforcement organs, and within judicial and law enforcement organs. Plans were also made to improve the operation mechanism of powers in criminal, civil, and administrative fields, regulate and enhance the efficiency of law enforcement and judicial powers, further enhance the overall effectiveness of reform. The Central Judicial and Law Enforcement Commission formulated the Guidelines on Deepening the Reform of the Mechanism for the Exercise of law enforcement and judicial powers in the Judicial and Law Enforcement Fields, focusing on different categories of law enforcement and judicial powers in the judicial and law enforcement fields, and putting forward specific requirements for deepening the reform of the mechanism for the exercise of law enforcement and judicial powers.

- Implementation by different authorities

The Supreme People's Court, the Supreme People's Procuratorate, the Ministry of Public Security, the Ministry of State Security, and the Ministry of Justice respectively organized meetings to promote the reform of their respective systems. They made targeted plans for implementing the guiding principles from the conference to deepen judicial and law enforcement reform across the board, accelerating the development of a well-conceived, reasonable, standardized, and orderly mechanism for the exercise of law enforcement and judicial powers, and among other things. To be more specific, the Supreme People's Court and the Supreme People's Procuratorate focused on key difficult issues in the exercise of judicial and procuratorial power, and made plans for further optimizing the allocation of powers, regulating the exercise of powers, and deepening the application of science and technology. The Ministry of Public Security reviewed and exchanged grassroots practical exploration experience and made plans for deepening the reform of the police system and mechanism. The Ministry of Justice focused on key areas in the exercise of judicial administrative power, such as the execution of criminal penalties and the oversight over public legal services, and made plans to carry out relevant reforms.

Local Party committees, judicial and law enforcement commissions and other judicial and law enforcement organizations held timely meetings, organized training, conducted research, conveyed and studied the guiding principles from the conference to deepen judicial and law enforcement reform across the board, and planned and promoted relevant reforms based on local conditions.

- Strengthening institutional safeguards

The Supreme People's Court formulated the Guidelines on Standardizing the Operation Mechanism of Collegial Panels, further refining the composition mechanism of collegial panels, improving the responsibilities of collegial panel members, deliberation rules, and the production of judgment documents, and standardizing the operation of collegial panels and the oversight and management responsibilities of court presidents. The Supreme People's Procuratorate and the Ministry of Public Security formulated the Guidelines on Properly Handling Cases of Minor Injury in Accordance with the Law, focusing on implementing the policy of combining leniency with severity in criminal cases and improving the quality and efficiency of handling cases of minor injury, further standardizing the investigation and evidence collection, examination and arrest, and prosecution review procedures and standards for cases of minor injury. The Ministry of Public Security actively promoted the reform of the public security law enforcement responsibility system and police system and mechanism, improving the integrated operation mechanism of intelligence, command, and action, establishing a sound mechanism of support from special departments to police stations, improving the system for the operation of police stations, clarifying functional positioning, streamlining hierarchical relationships, and accelerating the development of a functional system and responsibility system for public security organs that is scientifically organized, clear in powers and responsibilities, smooth in command, and efficient in operation.

2. Deepening the reform of the law enforcement and judicial oversight system

- Improving the internal oversight system of the courts

Continued efforts were made to promote the pilot reform of the hierarchical jurisdiction functions of the four-level courts, regulate the jurisdiction of appeals and applications for retrial, and promote the revisions of the Civil Procedure Law and the Administrative Procedure Law. Local courts implements the Guidelines on Further Improving the Oversight and Management Mechanism of Four Types of Cases,[①] and formulated implementation rules based on local conditions, further improving the criteria, procedures, methods of oversight by court presidents, and safeguard measures for identifying four types of cases. The Supreme People's Court formulated the Work Plan for Summarizing and Refining Judgments, and the Rules for Summarizing and Refining Judgments, improving the mechanism for the unified application of laws. It issued the Regulations on the Connection between Judge Disciplinary Actions and Discipline Inspection and Supervision Work, clarifying the relationship between the disciplinary actions against judges and the disciplinary inspection and supervision procedures, and clarifying the responsibilities and task division between the people's courts and discipline inspection and supervisory organs in judge disciplinary actions.

---

① The four types of cases refer to cases that meet one of the following conditions:

1. Major, difficult, complex, or sensitive cases.

2. Cases involving group disputes or cases that have attracted widespread attention in society and may affect social stability.

3. Cases that may conflict with the judgments of a people's court or a higher-level people's court.

4. Cases in which relevant organizations or individuals report judges for unlawful judicial behavior.

• Improving the internal oversight system of the procuratorates

The Supreme People's Procuratorate issued the Regulations on the Withdrawal of Prosecutors from the Prosecution Roster Due to Violations or Crimes (for Trial Implementation), further clarifying the specific circumstances and follow-up effects of prosecutors withdrawing from the roster due to violations or crimes, and strictly supervising and managing the procuratorate's workforce. Continued efforts were made to vigorously implement the three regulations[①] to prevent intervention in the judiciary. Special inspections were carried out nationwide on recorded and reported procuratorial personnel, and seriously dealt with procuratorial personnel who violated the three regulations.

• Strengthening the system of internal checks and oversight within the public security organs

Efforts were made to deepen the reform to realize the two

---

① The three regulations refer to the following regulations:

1. Regulations on Recording, Reporting, and Accountability for Leading Officials' Intervention in Judicial Activities and Interference in Specific Case Handling.

2. Regulations on Recording and Accountability for Internal Personnel of Judicial Organs Interfering in Cases.

3. Regulations on Further Regulating the Contact and Interaction Behavior of Judicial Personnel with Parties, Lawyers, Individuals with Special Relationships, and Intermediary Organizations.

unifieds[①] in criminal cases, refine the scope, content, and standards of case review, improve the internal and external coordination mechanisms, and continuously improve the quality and effectiveness of review. The institutionalization of the Law Enforcement Supervision and Management Committee was promoted. The Ministry of Public Security issued the Guidelines on Further Promoting the Improvement of the Quality and Efficiency of Law Enforcement Case Management Centers, held a video conference to promote the improvement of the quality and efficiency of law enforcement case management centers, and further improved the integrated operation mechanism of law enforcement case handling, oversight and management, and service support based on the goals of safety, standardization, integration, intelligence, and efficiency. Efforts were made to strengthen the follow-up guidance of the construction of law enforcement and case handling management centers. Throughout the country, 66 public security organs centers were selected and recognized for

① The two unifieds in criminal cases refer to the mechanism in which the legal affairs department of the public security system reviews and approves criminal cases in a unified way. This mechanism involves the legal affairs department conducting reviews on problematic processes such as arrest approval, transfer of cases for prosecution review, and changes in criminal coercive measures. It also ensures unified coordination with the judicial authorities and courts.

their outstanding results in the construction and operation of law enforcement and case handling management centers. All other regions were urged to learn from and emulate their experiences. As of the end of 2022, a total of 3,049 law enforcement case management centers had been established in public security organs, completing the planned development tasks.

- Strengthening the legal oversight over procuratorial organs

Since the implementation of the Guidelines on Improving and Perfecting the Mechanism for Oversight and Coordination of Investigation over a year before, the procuratorial organs and public security organs nationwide had jointly established 4,320 offices for oversight and coordination of investigation, achieving full coverage at the city and county levels. The oversight over investigation and the oversight over filing cases were further strengthened and solidified. Throughout the year, investigation organs were supervised to file 37,000 cases and withdraw 46,000 cases, an increase of 48% and 57% respectively compared to the previous year. With the integrated oversight to promote strict law enforcement and fair justice, there was an increasing trend in providing correctional opinions on illegal investigation activities and rectifying cases of missed arrests and prosecutions. The quality of investigations and prosecutions further improved. Innovative measures were taken to conduct cross-provincial and intra-provincial circuit inspections, comprehensively promote circuit inspections of detention centers, actively explore circuit inspections of community corrections, continuously expand the coverage of circuit inspections in community corrections, and strengthen legal supervision over key stages such as delivery of execution and imprisonment. Pilot projects for prosecutorial supervision over compulsory isolation and drug rehabilitation in judicial administration were launched. Specific implementation plans were issued by 19 provinces, autonomous regions, and municipalities directly under the central government, 26 provinces, autonomous regions, and municipalities directly under the central government identified pilot sites, and 14 provinces, autonomous regions, and municipalities directly under the central government expanded the pilot scale, with six provinces achieving full coverage of the pilot projects.

3. Deepening the reform of the litigation system

- Improve the criminal litigation system

Work was done to deepen the reform of the criminal

litigation system centered on trial, revise the three regulations regarding pretrial meetings, exclusion of illegal evidence, and the investigation process in the first-instance ordinary procedure handled by the people's courts, ensure effective communication and coordination and guarantee for legal aid work in death penalty review cases, and improve the system of witness testimony. The Ministry of Justice, together with the Supreme People's Court, the Supreme People's Procuratorate, and the Ministry of Public Security, issued the Guidelines on Further Deepening the Pilot Work of Providing Full Coverage of Defense Lawyers in Criminal Cases, and deployed the pilot work of providing full coverage of defense lawyers during the stage of examination and prosecution based on the consolidated results of the pilot work in the trial stage. The Supreme People's Court promoted the recognition and enforcement by Chinese courts of confiscation orders issued by foreign courts, studying the standards and procedures for recognizing and enforcing freezing and confiscation orders issued by foreign courts based on foreign requests, as well as supplementary regulations on the procedures for confiscating illegal proceeds, and studying the standards and procedures for recognizing and enforcing foreign court orders in China.

• Deepening the reform of case source governance

The Supreme People's Court drafted the Guidelines on Deepening the Development of Modern Litigation Service Centers, the Guidelines on Comprehensively Deepening Cross-Domain Litigation Service, the Working Procedures for Entrusting Appraisals in Pre-Litigation Mediation, the Working Procedures for Transferring and Handling Cases through the 12368 Hotline, and other relevant supporting systems, to improve the standardized level of one-stop development. All-around progress was made in ensuring the work of mediation platforms reaches villages, communities, and grids in order to promptly resolve conflicts and disputes at the grassroots level and in their nascent stages, and achieve the integration of case resolution with people's wellbeing.

• Promoting the development of online litigation service platforms

The China Mobile Micro Court was upgraded to become the People's Court Online Service, providing one-stop litigation services. The cumulative number of visits on mobile terminals reached 1.419 billion times, with 30.38% of case filings submitted during non-working hours and non-working days. A total of 377,300 reminders were sent to lawyers regarding case scheduling to avoid conflicts. Round-the-clock availability and zero trips for litigation activities were achieved throughout the entire process. The proportion of civil and administrative cases delivered through the delivery platform of the national courts exceeded 80%.

4. Providing services to ensure high-quality economic and social development

● Deepening the reform of administrative management services in public security

The policy of household registration migration has been generally relaxed and expanded. Except for the capital cities and autonomous regional capitals in the central and western regions, zero thresholds for urban settlement were basically achieved, making it more convenient for rural-to-urban migrant populations to settle in cities. Efforts were made to promote the nationwide cross-provincial issuance six types of household registration migration and household registration-related certificates. By the end of 2022, a total of over 1.13 million household registration migration certificates across provinces had been issued nationwide, along with over 710,000 cases of issuing household registration-related certificates across provinces and 12,000 cases of newborns' household registration across provinces. Twenty-four provincial-level administrative areas fully launched pilot programs for the first-time application of resident identity cards across provinces, with over 120,000 first-time applications processed across provinces, saving the people approximately 120 million yuan in travel expenses. The reform of public security traffic management was deepened, actively implementing convenient measures such as nationwide one-stop registration for private vehicles and cross-province vehicle information changes. The management of freight trucks was improved, and the reform measures implemented throughout the year benefited more than 600 million people, reducing costs for individuals and enterprises by over 6 billion yuan. The reform of immigration entry and exit management was deepened. The customs clearance modes of land, sea, and air ports was improved, ensuring zero waiting time for international cargo ships upon arrival and zero delay for departure and customs clearance. The facilitation of entry and exit documents was deepened.

- Building a modern public legal service system across the board

A modern public legal service system that covers both urban and rural areas, is convenient and efficient, and ensures equal access basically took shape. The institutions, mechanisms and systems of public legal services continued to be improved, with over 750,000 legal service institutions and 3.997 million legal service professionals. A total of 590,000 public legal service entities were established, and over 600,000 villages (communities) had legal advisors. The hotline for public legal services and the China Legal Service Network were fully established and operated in a standardized manner.

● Providing services to ensure the building of a market-oriented, rule of law, and internationalized business environment

The international commercial dispute resolution mechanism was improved and pilot development of international commercial arbitration centers was conducted in Beijing, Shanghai, Guangdong, and Hainan. A liaison point of international commercial courts was set up in the Hainan Free Trade Port and international commercial courts were established in the Quanzhou Intermediate People's Court and other places to promote the high-quality development of international commercial courts. The Chengdu-Chongqing Financial Court was established to improve and perfect the financial adjudication system, promote the implementation of the national financial strategy, and promote the healthy development of the Chengdu-Chongqing economic circle. Nationwide procuratorial organs comprehensively launched pilot reforms of compliance for enterprises, utilizing all available legal means when appropriate. If it was legally permissible not to arrest or prosecute, the enterprises involved were required to make compliance commitments and take effective rectification measures. By the end of 2022, procuratorial organs nationwide had handled 5, 150 cases of compliance by enterprises. The Supreme People's Procuratorate issued the Guidelines on Strengthening Intellectual Property Prosecution in the New Era, and in collaboration with the National Intellectual Property Administration, issued the Guidelines on Strengthening Collaborative Protection of Intellectual Property, optimizing cooperation mechanisms and promoting the establishment of a working pattern of strict protection, extensive protection, prompt protection, and collaborative protection for intellectual property.

- Actively and steadily expanding the scope of public interest litigation cases

The Supreme People's Procuratorate promoted the addition of antitrust, telecommunications network fraud, agricultural product quality and safety, and protection of women's rights to the field of procuratorial public interest litigation at the legislative level. It worked with relevant functional departments to issue the Guidelines on Establishing a

Sound Cooperation Mechanism between Water Administrative Law Enforcement and Procuratorial Public Interest Litigation and the Measures for Handing over and Supervising Clues of Public Interest Litigation Cases in Central Ecological and Environmental Protection Inspections, in order to give a better play to the supervisory, supportive, and legal guarantee roles of procuratorial public interest litigation.

Ⅳ. Judicial, Procuratorial, Public Security and Judicial Administrative Work

1. Judicial work

In 2022, the Supreme People's Court accepted 18,547 cases and concluded 13,785 cases. Local people's courts at all levels and specialized people's courts accepted 33.704 million cases, concluded and enforced 30.81 million cases, with a total value of 9.9 trillion yuan.

- Criminal trial work

In 2022, people's courts at all levels concluded 1.039 million first-instance criminal cases and convicted 1.43 million criminals. Various crimes such as infiltration, subversion, violence, terrorism, ethnic separatism, and religious extremism were severely punished, firmly safeguarding national political security, institutional security, and ideological security. Non-legal sanctions and long-arm jurisdiction were countered in accordance with the law, firmly defending national sovereignty, security, and development interests. A total of

45, 000 cases of serious violent crimes such as intentional homicide, rape, robbery, kidnapping, arson, and explosion were concluded, as well as 37, 000 cases of drug-related crimes. Corruption crimes were punished in accordance with the law, with 20, 000 cases of corruption and bribery of duty-related crimes concluded. Petty corruption and small-scale corruption that harm the interests of the people were resolutely punished, and corrupt crimes such as embezzlement of agricultural funds, withholding of land compensation, and corruption in dangerous house renovation subsidies were severely punished. Bribery crimes involving repeated bribery, huge amounts of bribery, and long-term corruption of officials were strictly punished. The first case in China to apply criminal absentia trial procedures, the Cheng Sanchang corruption case, was sentenced in early 2022. Information network crimes were punished in accordance with the law. A total of 122, 000 cases of telecommunications network fraud and related crimes were concluded, and efforts were made to help the defrauded people recover their losses. Crimes such as infringement of citizens' personal information and assistance in information network criminal activities were punished, and efforts were intensified to fight against the entire chain of crimes. By hearing cases of online fraud such as brushing scams, false financial management, and dating traps, innovative fraud schemes were exposed, aiding the public in anti-fraud efforts. Online gambling crimes were severely cracked down upon, and crimes that spread false information and harm the online ecosystem were severely punished, never allowing the online space to become a lawless land. Crimes endangering food and drug safety were tried in accordance with the law, severely punishing fraudsters driven by greed and dereliction of duty, and imposing work bans on criminals involved in the production and sale of toxic and harmful food, safeguarding people's food and medication safety. Special actions were taken to combat medical insurance fraud, severely punishing organizers and professional fraudsters. Stringent measures were taken to crack down on pension scams, safeguarding people's retirement funds.

- Civil and commercial trial work

In 2022, people's courts at all levels concluded 16.114 million first-instance civil and commercial cases. Some 32,000 cases of disputes over online shopping contracts were concluded, safeguarding the legitimate rights and interests of online consumers and promoting the sustained and healthy development of the digital economy. A total of 1.816 million cases of marriage and family disputes were concluded, safeguarding family harmony and happiness. Some 10,000 bankruptcy cases were concluded, achieving a market-driven rebirth through legal reorganization for heavily indebted enterprises with market potential, and declaring bankruptcy for enterprises with insurmountable debt, achieving market clearance. The personal bankruptcy system was explored, providing opportunities for honest entrepreneurs who have failed to return to the market. The concept that lucid waters and lush mountains are invaluable assets was deeply implemented, with 246,000 cases of environmental and resource-related disputes concluded, basically establishing a Chinese characteristic environmental and resource trial organization system. A total of 23,000 first-instance cases involving foreign-related civil and commercial matters and 15,000 maritime cases were concluded.

● Administrative adjudication and state compensation work

In 2022, the people's courts at all levels concluded 284,000 first-instance administrative cases, strengthening the review of the legality of administrative actions and serving the development of a law-based government. The state compensation and judicial relief systems were improved.

- Execution work

In 2022, the people's courts at all levels accepted 9.827 million execution cases, concluded 9.175 million cases, and executed a total amount of 2.3 trillion yuan. The online execution inquiry and control system provided a one-click nationwide search and online control of 16 types of property of the executed persons, effectively solving the difficulties in locating individuals and assets. Special execution actions were carried out in areas related to people's livelihood security, unpaid wages of migrant workers, and unpaid accounts of private enterprises. The long-term mechanism for solving difficulties in execution was improved, continuously promoting comprehensive governance and addressing the root causes of difficulties in execution. The Chinese characteristic execution system and mechanism were continuously improved, and there was a fundamental transformation in the execution model, effectively promoting the development of a society under the rule of law and a society based on integrity.

- Judicial oversight and filing of public complaints and proposals

Adhering to the principle of proportionality of crime and punishment, judicial oversight work was carried out in accordance with the law, ensuring that serious crimes receive severe punishment, minor crimes receive lenient punishment, and the innocent are not subject to criminal prosecution, making judicial judgments truly conform to the simple concept of fairness and justice in the hearts of the people. The effective prevention and timely correction mechanism for wrongful convictions and cases was improved, resolutely safeguarding the bottom line of preventing wrongful convictions. A Chinese characteristic one-stop multi-dispute resolution and litigation service system was established, providing menu-based, intensive, and one-stop dispute resolution services. Since the establishment of the people's court mediation platform, 96,000 mediation organizations and 372,000 mediators had joined them, mediating 38.32 million disputes online. In 2022, an average of 75 cases were successfully resolved online before litigation every minute.

- Judicial interpretation and case guidance work

In 2022, the Supreme People's Court independently formulated and issued 17 judicial interpretations, and jointly issued three judicial interpretations with the Supreme People's Procuratorate, including three in criminal justice, ten in civil justice, one in administrative justice, and six in other areas. These judicial interpretations and guiding cases played a positive role in the correct implementation of the law. The

Interpretation of the Supreme People's Court on Punitive Damages in the Trial of Ecological Environment Tort Disputes, the Regulations of the Supreme People's Court on the Trial of Civil Compensation Cases for False Statements in the Securities Market, the Interpretation of the Supreme People's Court on Issues concerning the Application of the General Principles of the Civil Code of the People's Republic of China, and the Regulations of the Supreme People's Court on the Application of Legal Issues in Handling Cases of Personal Safety Protection Orders guided the proper handling of new situations and issues in the economic, social development, and people's livelihood fields. The Decision of the Supreme People's Court on Revising the Interpretation of the Supreme People's Court on Issues concerning the Application of Law in the Trial of Criminal Cases Involving Illegal Fundraising, the Interpretation of the Supreme People's Court and the Supreme People's Procuratorate on Issues concerning the Application of Law in the Handling of Criminal Cases Involving the Destruction of Wildlife Resources, and the Interpretation of the Supreme People's Court and the Supreme People's Procuratorate on Issues concerning the Application of Law in the Handling of Criminal Cases Involving Production Safety (Ⅱ) were issued, providing guidance on correctly handling major and complex issues in criminal justice work. The Regulations of the Supreme People's Court on Issues concerning the Trial of Administrative Compensation Cases were issued, providing guidance on appropriately handling new situations and issues in administrative litigation.

2. Procuratorial work

In 2022, the procuratorial organs nationwide thoroughly implemented the Guidelines of the CPC Central Committee on Strengthening the Legal Oversight over Procuratorial Organs in the New Era, deepened the implementation of various plan for the Year of Quality for of procuratorial work, and accepted and reviewed 837, 000 cases for arrest, accepted and reviewed 2. 092 million cases for prosecution, handled 316, 000 civil cases, 78, 000 administrative cases, and 195, 000 public interest litigation cases. The Supreme People's Procuratorate independently formulated and issued one judicial interpretation, and jointly issued one judicial interpretation with the Supreme People's Court, and issued 36 guiding cases.

- Safeguarding security and stability and using proactive prosecution to support China's governance

Procuratorial organs resolutely safeguarded national

security and social stability. In 2022, they approved the arrest and decided to arrest 494,000 criminal suspects and decided not to arrest 366,000 suspects, with a non-arrest rate of 43.4%. They decided to prosecute 1.439 million people, and decided not to prosecute 513,000 people, with a non-prosecution rate of 26.3%. They cracked down on activities involving infiltration, sabotage, subversion, and separatism by hostile forces. They supported the rule of law in anti-terrorism and stability maintenance in Xinjiang and other places. They resolutely implemented the Law of the People's Republic of China on Safeguarding National Security in the Hong Kong Special Administrative Region. They regularly combatted organized crime and eliminated evil forces, prosecuting 14,000 individuals involved in organized crime, a decrease of 32.1% compared to the previous year. In 2022, the prosecution of crimes such as murder, arson, explosions, kidnapping, robbery, and theft reached the lowest level in nearly 20 years.

Procuratorial organs lawfully and effectively served the overall situation of COVID-19 epidemic prevention and control. In collaboration with relevant departments, they formulated case-handling norms, innovated legal interpretations through cases, and provided guidance for epidemic prevention and control in accordance with the law. They prosecuted 197 individuals for crimes such as fraud and price manipulation related to COVID-19, and prosecuted 192 individuals for crimes related to the production and sale of substandard masks, non-compliant medical equipment, and counterfeit drugs. After China optimized and adjusted COVID-19 prevention and control policies, procuratorial organs promptly led the adjustment of relevant case-handling norms in accordance with the law.

Procuratorial organs actively promoted the rule of law in cyberspace. In collaboration with the Supreme People's Court and the Ministry of Public Security, they issued 23 sets of guidelines for handling cases, adhered to a comprehensive approach to combat crime at every stage, and prosecuted 130,000 individuals involved in crimes such as illegal trading of telephone cards and bank cards, providing technical support, assisting in cash withdrawals and transfers. They collaborated with public security agencies to strictly crack down on telecommunications and online fraud, thoroughly investigating the behind-the-scenes leaders, severely punishing the core members of criminal groups, and making every effort to recover stolen assets. They focused on key areas, new methods, and specific targets, prosecuting 31,000 individuals involved in telecommunications and online fraud. They prosecuted more than 9, 300 individuals involved in crimes related to the infringement of personal information.

Procuratorial organs implemented the system that imposes lenient punishments on individuals who confess to their crimes voluntarily and accept punishments in accordance with the law. The application rate of this system in prosecution exceeded 90%, and the proportion of sentencing recommendations proposed reached over 90% of the total recommendations proposed. The adoption rate of sentencing recommendations reached 98. 3%, and the rate of sentence execution in the first instance reached 97%, representing an increase of 29. 5 percentage points for cases where this system was not applied.

Procuratorial organs used the performance of their prosecutorial responsibilities to encourage all other functional departments to get involved in accordance with the law. In 2022, procuratorial organs issued 47, 000 social governance prosecutorial suggestions in light of their case handling to promote source control. Among them, more than 2, 200 prosecutorial suggestions promoted the formation of long-term mechanisms or the issuance of normative documents by the entities to which the suggestions were intended, and more than 7, 100 prosecutorial suggestions promoted improvement in work and governance in localities and departments outside of the local and relevant departments.

- Focusing on serving the big picture and promoting high-quality development through proactive prosecution

Procuratorial organs emphasized the prevention of financial risks and established a solid legal defense line for financial security. They cracked down on financial crimes and prosecuted 29, 000 individuals involved in crimes that disrupt financial management order and financial fraud. They strengthened efforts to combat money laundering and prosecuted more than 2, 500 individuals for money laundering, an increase of 100% compared to the previous year. The proportion of money laundering prosecutions compared to upstream crimes increased by 1. 9 percentage points to 2. 9% . The intensity of investigating and handling money laundering crimes continued to increase, and the effectiveness of dual investigation was gradually emerging. Procuratorial organs focused on the security of the capital market and strictly cracked down on securities and futures-related crimes. They prosecuted more than 300 individuals involved in various securities and futures-related crimes, a year-on-year increase of 38. 4% . They handled a number of high-impact cases in key areas such as financial fraud, market manipulation, and insider trading.

Procuratorial organs fully played the procuratorial role in the fight against corruption. In 2022, the procuratorial organs accepted 18, 254 cases of various types of crimes transferred by supervisory committees at all levels (excluding changes in jurisdiction), an increase of 3. 4% compared to the previous year. They intervened in 11, 000 cases of duty-related crimes in advance, conducted 2, 913 supplementary investigations, and decided not to prosecute 534 individuals. In the pursuit and recovery of fugitives and ill-gotten gains related to corruption, public prosecutions were initiated against seven red notice personnel suspected of duty-related crimes who were brought back to China. Procuratorial organs investigated bribery and corruption together, issued the Guidelines on Strengthening the Handling of Bribery Cases, and jointly with the National Supervisory Committee, released five typical cases of bribery crimes. They prosecuted 1, 491 cases involving bribery crimes, corporate bribery crimes, and bribery crimes committed by corporate entities, involving 2, 099 individuals, effectively deterring those who attempt to corrupt officials.

Procuratorial organs implemented the strictest possible farmland protection system well. They regularly carried out administrative non-litigation supervision of land law enforcement investigations and prosecutions, and jointly issued the Guidelines on Establishing a Working Mechanism for Coordination between Administrative Prosecution and Natural Resources Administrative Law Enforcement with the Ministry of Natural Resources to establish sound collaborative mechanisms. Procuratorial organs pushed for solutions to the difficulties in enforcing mandatory execution of land administrative penalty decisions. They accepted 13, 000 cases of non-litigation supervision in the field of land law enforcement investigations and prosecutions, involving a total land area of 112, 000 *mu*.

• Ensuring justice is for the people and safeguarding the wellbeing of the people through proactive prosecution

Procuratorial organs took care of the safety and happy growth of minors. In 2022, they approved the arrest of 15, 000 juvenile criminal suspects, and decided not to arrest 34, 000 individuals, with a non-arrest rate of 68. 5%, which is 25. 1 percentage points higher than the overall rate for criminal offenses. Prosecution decisions were made for 28, 000 juvenile criminal suspects, and decisions were made not to prosecute 41, 000 individuals, with a non-prosecution rate of 59. 9%, which is 33. 6 percentage points higher than the overall rate for criminal offenses. Arrests were made in

39, 000 cases of crimes against minors, and prosecutions were initiated in 58, 000 cases. Procuratorial organs continued to strengthen the care for juvenile victims, assisted over 17, 000 juvenile victims, and provided more than 22. 25 million yuan in assistance funds. They prosecuted over 680 individuals involved in campus violence and bullying crimes, a decrease of 35. 6% compared to the previous year. They promoted the implementation of the prohibition system for engaging in certain professions under the Law on the Protection of Minors, and imposed lifetime bans on child molesters in educational positions.

Procuratorial organs continued to make sure to respond to all public complaints and proposals. In 2022, they received a total of 777, 000 public complaints and proposals from the public, with 230, 000 duplicate ones. The total number of public complaints and proposals and the number of duplicate ones decreased by 13. 2% and 14. 1% respectively compared to the previous year. Procuratorial organs established a system where their leaders at all levels took the lead in handling cases of public complaints and proposals, and the leaders handled over 50, 000 difficult and complex cases of public complaints and proposals. Procuratorial organs improved judicial assistance, adhered to the principle of helping those who should be helped, and provided assistance to a total of 82,000 people, an increase of 72.2% compared to the previous year. They also increased the distribution of assistance funds to 840 million yuan, a 36.9% increase compared to the previous year. They accepted over 900 applications for criminal compensation and decided to grant compensation in over 700 cases.

Procuratorial organs implemented the principle of whole-process people's democracy and strengthened public hearings. In 2022, they conducted 189,000 public hearings, an increase of 79.8% compared to the previous year. The types of cases covered in the hearings continued to expand, fully covering the four major procuratorial functions of criminal prosecution, civil prosecution, administrative prosecution, and public interest litigation prosecution. Procuratorial organs explored onsite hearings and simplified hearings, and conducted 22,000 simplified public hearings for cases of public complaints and proposals.

Procuratorial organs deepened and substantiated their efforts to resolve administrative disputes. In 2022, they made the substantive resolution of administrative disputes a necessary procedure for handling administrative litigation oversight cases. In response to some administrative litigation cases where the procedures had been completed but the disputes had not been resolved and there had been long-term appeals, procuratorial organs comprehensively used methods such as raising objections, making prosecutorial suggestions, and providing judicial assistance to substantially resolve over 17,000 administrative disputes. Among them, over 1,700 disputes that lasted from five to ten years had been resolved, as well as over 1,300 disputes that lasted over ten years.

- Strengthening litigation oversight to safeguard judicial fairness through proactive prosecution

Procuratorial organs deepened oversight over the filing, investigation, and trial of criminal cases. In 2022, they filed over 6,800 protests against criminal judgments that were believed to be erroneous. The courts accepted the procuratorial decisions and changed the judgments and ordered retrials in over 3,900 cases, accounting for 68.5% of the total cases concluded. Procuratorial organs raised over 26,000 objections to illegal activities in criminal trials, and the courts accepted them at a rate of 99.5%. Since 2021, in coordination with the Ministry of Public Security, procuratorial organs have established investigation oversight and cooperation offices in all cities and counties. In 2022, they conducted oversight over the filing (withdrawal) of 85,000 cases by public security organs, and as a result, the public security organs filed (withdrew) 83, 000 cases, accounting for 97. 3% of the cases under oversight.

Procuratorial organs resolutely corrected and prevented wrongful convictions. In 2022, the Supreme People's Procuratorate initiated three criminal cases for protest, and after substantive review by the Supreme People's Court, all three cases were sent back to lower courts for retrial.

Procuratorial organs strengthened oversight over the execution of criminal judgments. In 2022, they corrected improper reduction of sentences, parole, and temporary release for over 58, 000 individuals; raised over 68, 000 objections to illegal activities in the execution of criminal judgments; corrected the activities of over 102, 000 individuals in the execution of non-custodial measures; and corrected improper execution of property-related judgments in over 58, 000 cases. They conducted comprehensive inspections of detention centers and over 2, 100 inspections.

Procuratorial organs conducted a rigorous investigation into crimes committed by judicial personnel. They strictly regulated the handling of criminal cases involving the infringement of citizens' rights and the undermining of judicial fairness by judicial personnel abusing their authority, resulting in the filing of investigations against over 1, 400 individuals. They also issued 2,206 prosecutorial recommendations for criminal offenses committed by personnel in their official capacities, representing a 63% increase compared to the previous year.

Procuratorial organs strengthened the supervision of civil litigation. In 2022, they concluded over 73,000 cases of supervising civil judgments, issuing more than 14,000 supervisory decisions. Among them, over 4,500 cases were recommended for appeal and over 9,500 cases were recommended for retrial. The rate of successful appeals was 91.7%, and the rate of adoption of retrial recommendations was 95.1%. Procuratorial organs made over 62,000 prosecutorial recommendations regarding illegal activities in civil trials, with a court adoption rate of 99.8%. They also made over 71,000 prosecutorial recommendations regarding illegal activities in civil enforcement, with a court adoption rate of 99.9%. They continued to supervise cases of fraudulent civil litigation, issuing over 9,700 supervisory decisions related to false litigation.

Procuratorial organs ensured effective oversight over administrative proceedings. In 2022, prosecutorial authorities concluded approximately 19,000 cases of supervising administrative judgments, among which over 170 cases were appealed to the courts. Over 100 cases were changed upon retrial, accounting for 79.2% of the concluded cases. Procuratorial organs recommended over 460 cases for retrial, and the courts decided on 341 retrials, with an adoption rate of 73.3%. Procuratorial organs made over 14,000 prosecutorial recommendations regarding illegal activities in administrative trials, with a court adoption rate of 99.98%. Additionally, they made over 36,000 prosecutorial recommendations regarding illegal activities in administrative enforcement, with a court adoption rate of 99.9%.

Procuratorial organs fostered a harmonious relationship between prosecutors and lawyers to promote judicial fairness. They established an annual consultation mechanism with the Ministry of Justice and the All-China Lawyers Association, jointly issuing decisions to respect and protect lawyers' lawful practice rights and regulate interactions between prosecutors and lawyers. They expanded the practice of lawyers accessing case files online and piloted remote access to case files. They addressed issues that hindered lawyers' lawful practice in law enforcement and the judiciary and provided oversight and correction in accordance with the law.

- Expanding public interest litigation to safeguard the public interest with proactive prosecution

The scale of handling cases steadily increased, and the

scope of duties was actively and prudently expanded. In 2022, procuratorial organs accepted 212,000 clues related to public interest litigation and filed 195,000 cases. Among them, there were 29,000 cases of civil public interest litigation and 166,000 cases of administrative public interest litigation.

Procuratorial organs achieved the goal of safeguarding public interest before litigation as the best judicial state. They carried out 127,000 administrative pre-litigation procedures; after the pre-litigation procedures, the proportion of administrative agencies correcting or performing their duties reached 99.8%. The rate of pre-litigation rectification remained high, and the role of pre-litigation rectification in protecting public interests was highlighted, achieving the best social effects with minimal judicial input.

Procuratorial organs promoted the resolution of public interest issues through litigation. For cases where procuratorial suggestions had not been implemented, and the public interest continued to be harmed but met the conditions for prosecution, 13,000 cases were filed, and the courts made more than 9,900 first-instance judgments during the same period, with a support rate of 99.97%. The support rate of first-instance judgments remains high.

Procuratorial organs fulfilled the responsibility as representatives of public interests and achieving remarkable results in restoring damaged public interests. Through public interest litigation, 28.6 billion yuan of national assets and rights were protected and recovered, more than 413,000 acres of forest land, arable land, wetlands, and grasslands were rectified, supervised, and cleared, and more than 900 tons of counterfeit and substandard food, counterfeit drugs, and smuggled drugs were seized and recovered. Procuratorial organs supervised the clearance of 4.983 million tons of solid waste and domestic garbage.

3. Public security work

In 2022, the public security organs nationwide thoroughly implemented General Secretary Xi Jinping's key expositions on public security work in the New Era, firmly grasped the overall requirements of remaining loyal to the Party, serving the people, enforcing the law impartially, and strict discipline, faithfully fulfilled the mission and tasks of defending political security, maintaining social stability, and ensuring people's peace in the New Era, and achieved new results in all their work.

- Cracking down on prominent illegal and criminal activities in accordance with the law

Public security organs improved the system and norms of case handling. In conjunction with relevant departments, the Ministry of Public Security issued documents such as the Guidelines on Handling Criminal Cases Involving Obstruction of Cultural Relics Management, the Guidelines on Punishing Crimes Violating the Honor and Reputation of Heroes and Martyrs in Accordance with the Law, and the Guidelines on Punishing Crimes Violating the Laws and Regulations on Management of Borders between China and Foreign Countries and between the Mainland and Other Parts of China, providing guidance for cracking down on prominent illegal and criminal activities. Public security organs regularly promoted the campaign against criminal gangs and organized crime, and dismantled 1,690 criminal organizations and criminal groups involved in organized crime, arrested 23,000 criminal suspects, and seized assets worth 37.55 billion yuan. They cracked down on drug-related crimes, carried out the "cut off the source and stop the flow" campaign, solved 35,000 drug-related criminal cases, arrested 53,000 criminal suspects, and seized 21.9 tons of various types of drugs. The Ministry of Public Security, together with relevant departments, carried out special operations to combat and regulate cross-border gambling, investigated and handled 42, 000 related criminal cases, shut down more than 5, 900 online gambling platforms, and more than 2, 900 illegal payment platforms and underground banks. Public security organs cracked down on telecommunications and online fraud crimes in accordance with the law, promoted the introduction of laws against telecommunications and online fraud, and comprehensively promoted various measures to combat, prevent, and control such crimes, effectively curbing the rapid rise of telecommunications and online fraud cases. They solidly advanced the special operation Clean Internet 2022 and launched a fierce offensive against prominent illegal crimes and internet chaos that seriously harmed the order of the internet and the rights and interests of the people, investigating and handling 83, 000 cases of cybercrime. They deepened the new round of special operations to combat and prevent cultural relics crimes, from September 2020 to December 2022, a total of 5, 621 cases of cultural relics crimes were solved, and 100, 000 cultural relics were recovered, achieving unprecedented significant results. The Ministry of Public Security organized the Inter-Ministerial Joint Meeting of the State Council to Combat Trafficking in Persons, and together with the member units of the Inter-

Ministerial Joint Meeting of the State Council to Combat Trafficking in Persons, issued the Implementation Rules of China's Action Plan against Trafficking in Persons (2021-2030) and carried out special operations to combat trafficking in women and children, promoting the establishment of a new pattern of anti-trafficking work in which Party committees exercise leadership, governments assume responsibility, departments work together, non-governmental actors provide assistance, the public are involved, and legal and technological support is in place. Public security organs deepened the special operation Kunlun 2022 and cracked down on crimes in the areas of food and drug safety, as well as intellectual property rights, solving 84,000 criminal cases. They carried out in-depth rectification of fraud and insurance scams, recovering more than 1 billion yuan of medical insurance funds, dismantling 541 criminal gangs, and punishing 300 medical institutions, effectively safeguarding the people's medical funds and life-saving funds.

- Continuing to improve the level of social management and services

Public security organs adhered to the concept of placing the people and their lives above all else, coordinated the overall security measures for the protection of national events and the comprehensive prevention and control measures to address potential hazards that may endanger societal security as a whole. They provided high-level security guarantees for major events such as the 20th CPC National Congress, the Beijing Winter Olympics, and the Winter Paralympics. They implemented the requirements of efficient coordination between epidemic prevention and control and economic and social development, and launched 10 key measures to support economic and social development, effectively assisting in ensuring stability on six fronts and maintain security in six areas. They established the Internet + Public Security Government Services platform 2. 0 of the Ministry of Public Security, with 170 public security administrative matters and 44 high-frequency public security convenience services online. Public security organs continued to promote the mechanisms such as the two teams and one center[①] and one village (grid) and one

---

① The "two teams" refer to the community police team and the law enforcement and case handling team, while the "one center" refers to the comprehensive command center. The two teams and one center are an innovative grassroots police station reform model introduced by the public security authorities in Beijing, the capital city of China. The community police team takes on the frontline responsibilities of community service and handling of police incidents, while the law enforcement and case handling team focuses on addressing high-incidence police incidents within their jurisdiction. The comprehensive command center conducts analysis and assessment of police incidents, aiming to improve the efficiency of case handling at the grassroots level.

police officer in police stations, standardized the establishment of two teams and one center in 12, 000 police stations with more police force nationwide, established 195, 000 community (village) police offices nationwide, and equipped them with 223, 000 community police officers, continuously improving the level of grassroots prevention and governance. Public security organs conducted in-depth early warning and countermeasures against telecommunications and internet fraud, establish a hierarchical and coordinated dissuasion mechanism, directly issued 240 million national early warning instructions, prevented 170 million people from being deceived, intercepted fraudulent calls 1. 82 billion times and fraudulent messages 2. 15 billion times, and blocked 3. 478 million fraudulent domain names and URLs, effectively safeguarding the security of people's property.

- Continuing to promote the standardization of law enforcement

Public security organs accelerated the progress of public security legislation projects, including the revision of the People's Police Law, the Law on Administrative Penalties for Public Security, and the Road Traffic Safety Law. New law enforcement demonstration public security organs were selected and recognized nationwide, designating 60 county-level public security organs, 89 grassroots police stations, and 20 industry-specific public security and immigration management units as law enforcement demonstration units, and creating a golden brand for public security law enforcement work. Public security organs continued to deepen the development of information technology in law enforcement and promote the integration of law enforcement and case data nationwide. They thoroughly studied and implemented the guiding principles from of the National Commendation Conference for Heroic Model Collectives in Public Security, inspiring the entire police force to fulfill their duties with dedication and igniting their enthusiasm for work. Efforts were made to deepen practical training for the entire police force, organize multi-media, multi-level, and multi-form law enforcement training, and continuously improve the capacity building of law enforcement agencies. The Party Committee of the Ministry of Public Security issued the Implementation Guidelines on Strengthening and Improving the Work of Public Security Talents in the New Era, improved and perfected the expert talent pool, and comprehensively strengthened the training of legal talents in public security. The development of legal officers in grassroots police stations was strengthened, legal officers were further deployed to grassroots police stations and assign full-time legal officers to community police stations, and full play was given to the legal team in case review, law enforcement oversight, and participation in special cases.

- Continuing to standardize the exercise of law enforcement power

The Ministry of Public Security, in conjunction with the Supreme People's Court, the Supreme People's Procuratorate, and the State Security Department, revised and issued the Regulations on Bail Pending Trial and the Regulations on the Criteria for Filing and Prosecution of Criminal Cases under the Jurisdiction of Public Security Organs (Ⅱ), and formulated the Regulations on the Work of Public Security Organs in Combating Organized Crime, comprehensively standardizing law enforcement activities in various fields and at all levels. Outstanding local law enforcement systems were selected, 67 excellent law enforcement systems were chosen, and other regions were required to learn from them.

4. Judicial administrative work

- Prison work

The implementation of the Guidelines on Strengthening the Substantive Review of Reduction of Sentence and Parole

Cases was promoted to strengthen the substantive review of the repentance and meritorious performance of offenders eligible for reduction of sentence and parole. Efforts were accelerate to issue the Guidelines on the Application of the Parole System in Accordance with the Law and the Guidelines on Further Standardizing the Implementation of Temporary Release from Prison. All regions were urged to formulate detailed rules for the implementation of score-based assessment of offenders, providing institutional support for the development of rule of law prisons. Cooperation was strengthened with courts and procuratorates was strengthened, information sharing and interoperability on case handling platforms was promoted, and the oversight by resident procuratorates and circuit procuratorates was willing accepted. Documents such as the Management Measures for Offender Health Records (for Trial Implementation) were issued and fresh progress was made in the rule of law development of prison work.

- Community correction work

The Community Correction Law was thoroughly implemented and continued efforts were made to improve the community correction systems and mechanisms, striving for full coverage of community correction committees at the provincial, municipal, county, and township levels, improving the mechanisms for the participation of social forces and coordination with relevant departments, strengthening the development of community correction institution teams, and comprehensively promoting the standardization, refinement, and intelligent development of community correction. By the end of 2022, a total of 530,000 new community correction subjects were received, 566,000 individuals had their correction terminated, and there were 629,000 existing community correction subjects. Nationwide, a cumulative total of 6.499 million individuals received for community correction, and 5.869 million individuals had their correction terminated.

- Judicial administrative work on drug rehabilitation

The Anti-Drug Law and the Regulations on Drug Rehabilitation were implemented to the letter, and continued efforts were made to improve the standard, scientific, and modern level of judicial administrative work on drug rehabilitation. The standard system for education and rehabilitation work, which integrates drug rehabilitation medical treatment, educational correction, psychological correction, and rehabilitation training, was improved. The One-Ten-Hundred-Thousand project for education and rehabilitation[1] was improved and expanded. Efforts were coordinated to extend the effectiveness of rehabilitation in drug rehabilitation centers and achieve socialization in drug recovery guidance, and medical work in rehabilitation facilities were consolidated and improved. Steady progress was made in the development of smart drug rehabilitation and extensive drug rehabilitation publicity was carried out. As of the end of 2022, there were a total of 383 judicial-administrative drug rehabilitation facilities, with a cumulative admission of 1.6583 million people.

- Lawyer work

A national platform for the public disclosure of lawyer practice integrity information was established, displaying basic information and integrity information generated during the practice process of 520,000 full-time and part-time lawyers and 38,000 law firms. Forty-six law firms from 14 provinces and municipalities directly under the central government were organized and mobilized to establish branch offices in 46 lawyer-free counties in provinces and autonomous regions

---

① The project is designed to establish one educational correctional resource database, cultivate ten advantageous educational and treatment projects, establish a team of 100 educational correctional experts, and select 1,000 outstanding drug rehabilitation cases.

such as Tibet and Qinghai, basically solving the problem of lawyer-free counties nationwide. As of the end of 2022, there were over 38,600 law firms and 651,600 lawyers.

- Notary, legal aid, and arbitration work

In 2022, a total of over 11.04 million notarizations were handled and there were more than 14,000 notaries. The Procedural Regulations for Handling Legal Aid Cases and the Measures for Handling Complaints of Legal Aid were revised, improving the legal aid system. In 2022, a total of over 2.3 million types of legal aid cases were organized and handled, providing legal consultations to 19.8 million people and serving 2.4 million aid recipients. The establishment of the China Arbitration Association was promoted. As of the end of 2022, there were 277 arbitration institutions, and over 475,000 civil and commercial cases were resolved, with a total amount in dispute of over 986 billion yuan.

- People's mediation and work of judicial offices

Special activities was planned and carried out for the investigation and resolution of problems and disputes. The Ministry of Justice, in conjunction with the Supreme People's Court, the Ministry of Human Resources and Social Security, and the All-China Federation of Industry and Commerce, issued the Action Plan for the Cultivation and Optimization of

Chamber of Commerce Mediation (2022-2023). Jointly with nine departments including the Supreme People's Court, the Ministry of Human Resources and Social Security, the Central Judicial and Law Enforcement Commission, and the Ministry of Industry and Information Technology, it also issued the Guidelines on Further Strengthening the Work of Mediation and Consultation for Labor and Personnel Disputes, strengthening the mediation work for chambers of commerce and labor disputes. As of the end of 2022, there were 693,000 people's mediation committees and 3.176 million people's mediators. In 2022, 6.67 million problems and disputes were investigated, and 8.923 million disputes were mediated. The three-year action plan for the standardized development of judicial offices was launched, giving full play to the role of judicial offices in promoting the development of the rule of law at the grassroots level. As of the end of 2022, there were 39,000 judicial offices with over 150,000 staff members.

- National unified legal professional qualification examination work

The organization and implementation of the national objective question examination in 2022 was coordinated, with over 809,000 candidates, and over 574,000 actual participants.

The qualification review and recognition of candidates who passed the 2021 examination were successfully completed, granting legal professional qualifications to over 169, 000 individuals.

- Judicial appraisal work

The Ministry of Justice, in conjunction with the State Administration for Market Regulation, issued the Action Plan for the Improvement of Judicial Appraisal Qualification Recognition Capacity (2022-2024) and formulated the Provisional Regulations on Internal Review of Judicial Appraisal Institutions. A total of 183 experts were selected to form a national judicial appraisal expert database, and comprehensive evaluations of forensic, physical evidence, and audio-visual material judicial appraisal institutions and appraisers were successfully completed. As of the end of 2022, there were a total of 2, 837 judicial appraisal institutions registered and managed by judicial administrative authorities, with over 36, 000 appraisers.

- Work of people's assessors and people's supervisors

The mechanism for the selection of people's assessors was improved. As of the end of 2022, there were a total of 332, 000 people's jurors. The system of people's supervisors was improved and the selection of the second batch of people's supervisors was completed. As of the end of 2022, there were a total of 24, 000 people's supervisors, supervising the 126, 000 activities of procuratorial organs in handling cases.

V. Legal Protection of Human Rights

In 2022, China continued to promote the cause of human rights. In February, the Political Bureau of the CPC Central Committee held the 37th group study session on the development path of human rights in China. General Secretary Xi Jinping emphasized during the study session that respecting and protecting human rights is an ongoing quest of China's Communists. Throughout its century-old history, the CPC has led the people in a tireless effort to realize, respect, protect and develop human rights. He added that China must fully appreciate the importance and urgency of promoting human rights, attach greater importance to respecting and protecting human rights, and adhere to the Chinese path in this cause to deliver better results. In the 12th issue of the magazine *Qiushi* in 2022, General Secretary Xi Jinping published a major article titled "Unswervingly Follow the Path of Human Rights Development and Better Promote the Development of Human Rights in China". In May, the Chinese-English bilingual edition of *Xi Jinping on Respecting and Protecting Human*

Rights was published by the Central Compilation & Translation Press. In October, General Secretary Xi Jinping pointed out in a report to the 20th Party Congress that the Party will follow a Chinese path of human rights development, actively participate in global human rights governance, and promote all-around advancement of human rights.

1. Protecting the right to health

In 2022, the CPC Central Committee with General Secretary Xi Jinping at its core attached great importance to COVID-19 epidemic prevention and control, comprehensively strengthened centralized, unified leadership over prevention and control work, upheld the principle of putting the people and their lives first, dynamically optimized and adjusted prevention and control measures in accordance with the situation, and continuously improved the level of scientific and precise prevention and control. As of December 21, 2022, a total of 346.5123 million doses of COVID-19 vaccines had been administered in 31 provinces, autonomous regions, and municipalities directly under the central government and the Xinjiang Production and Construction Corps, with a full-course vaccination rate of over 90% for the population aged 3 and above. With the mutation of the virus, changes in the epidemic situation, popularization of vaccine administration, and accumulation of prevention and control experience, epidemic prevention and control entered a new stage. The Joint Prevention and Control Mechanism of the State Council for COVID-19 Virus Infection issued a circular applying prevention and control measures for Class B infectious diseases are applied, effective from January 8, 2023, shifting the focus of work from preventing infection to safeguarding health and preventing severe cases. It required efforts be made to make solid preparations of medical treatment resources, focus on meeting the medication needs of the general public, and do everything possible to protect and treat key populations such as the elderly and children, particularly by strengthening vaccination and health management for the elderly, and effectively enhancing epidemic prevention and control in rural areas.

2. Protecting the rights and interests of workers

At its 34th Meeting in April, the Standing Committee of the 13th NPC approved the Forced Labor Convention 1930 adopted at the 14th session of the International Labor Conference in Geneva on June 28, 1930, and the Abolition of Forced Labor Convention, 1957, adopted at the 40th session of the International Labor Conference in Geneva on June 25, 1957. These two conventions, as core conventions of the International Labor Organization, are the most important international legal instruments eliminating forced labor. The voluntary approval of these two conventions once again demonstrates the Chinese government's firm stance in protecting workers' rights and opposing and combating forced labor.

In August, the Ministry of Human Resources and Social Security, the All-China Federation of Trade Unions, and other departments jointly issued a circular on the protection of the rights and interests of workers during high-temperature weather. It required all levels to coordinate the guidance and oversight over the tripartite labor relations and urge employers to arrange reasonable outdoor working hours for workers during high-temperature weather, avoid working in extremely hot periods as much as possible, increase rest time and shift rotations for workers, and minimize the duration of continuous outdoor work. In the same month, the Ministry of Human Resources and Social Security and the Supreme People's Court issued a circular on strengthening the coordinated administrative and judicial protection of the equal employment rights of recovered COVID-19 patients and other workers. The circular reiterated the strict prohibition of discrimination against recovered COVID-19 patients and other workers and made plans to enhance the handling of employment discrimination cases.

In October, the Ministry of Human Resources and Social Security, the Central Judicial and Law Enforcement Commission, and seven other departments issued the Guidelines on Further Strengthening the Consultation and Mediation of Labor and Personnel Disputes. The focus was on strengthening the efforts of consultation and mediation, improving diverse dispute resolution mechanisms, maximizing the flexible resolution of disputes through consultation and mediation and other means, and reducing the costs of safeguarding workers' rights.

3. Protecting the right to education

In January, the General Office of the State Council forwarded the Action Plan for the Improvement of Special Education Development during the 14th Five-Year Plan Period, which planned the basic ideas of expanding the service coverage, promoting inclusive education, and enhancing support capabilities. It aimed to accelerate the improvement of the special education system, continuously improve the mechanisms for guaranteeing special education, and comprehensively enhance the quality of special education.

In April, the State Council Education Supervision Committee issued the Decision on Publishing the List of Counties, Cities, Districts, and Banners That Have Passed the National Supervision and Evaluation for Promoting Balanced Development of Compulsory Education. It announced that 94 counties in six provincial administrative areas, namely Guangxi, Tibet, Sichuan, Xinjiang, Inner Mongolia, and Gansu, had officially passed the national supervision and evaluation for promoting basic balanced development of compulsory education. This signifies that a total of 2, 895 counties in 31 provinces, autonomous regions, and municipalities directly under the central government and the Xinjiang Production and Construction Corps have achieved basic balanced development of compulsory education at the county level. This is another important milestone in the development of compulsory education in China, following the comprehensive universalization of nine-year compulsory education and eradication of illiteracy among young and middle-aged adults.

In August, the Ministry of Education released the *White Paper on the Development of Vocational Education in China,* introducing China's experience in vocational education development to the world. It pointed out that since 2012, the Chinese government had regarded vocational education as an equally important type of education as general education. It added that efforts had been made to increase policy supply, innovate institutional design, accelerate the development of a modern vocational education system, and build a diversified educational pattern and modern governance system.

In November, the Ministry of Education issued the Guidelines for the Evaluation of the Quality of Special Education, proposing to establish a quality evaluation system for special education institutions with the goal of appropriate inclusion. It clarified the evaluation contents in five aspects: government responsibilities, curriculum implementation, teacher team development, school organization and management, and suitable development of students, following the growth patterns and development rules of special children in order to improve the quality of special education.

4. Protecting the rights and interests of specific groups

- Protecting the rights of minors

In May, the General Office of the Central Commission for Guiding Cultural and Ethical Progress, the Ministry of

Culture and Tourism, the National Radio and Television Administration, and the Cyberspace Administration of China issued the Guidelines on Standardizing the Practice of Live-Streaming Rewards and Strengthening the Protection of Minors. It proposed measures such as prohibiting minors from participating in live-streaming rewards, strictly controlling minors from becoming anchors, optimizing and upgrading the youth mode, establishing dedicated service teams, regulating key functional applications, strengthening management during peak hours, and enhancing internet literacy education. In the same month, the Supreme People's Court, the Supreme People's Procuratorate, the Ministry of Public Security, and the Ministry of Justice issued the Measures for Sealing Criminal Records of Minors. The purpose was to minimize the impact of minor criminal records on minors' reintegration into society, encourage them to repent and reform, and return to the right track. In November, the China Centre for Children's Welfare and Adoption released the *Blue Book on the Protection and Development of Chinese Minors (2022)*. It comprehensively reviewed the century-long development of child protection work, conducted in-depth analysis of the challenges faced by child protection work in terms of children's rights awareness, quality of upbringing, social culture, market mechanisms, population mobility, workforce, laws, and regulations, and made future plans. In the same month, the Supreme People's Court, in conjunction with the Supreme People's Procuratorate and the Ministry of Education, issued the Guidelines on Implementing the Prohibition System for Criminal Offenders in Employment. It proposed that the prohibition system for criminal offenders in teaching positions should be strictly enforced in accordance with the principle most favorable to minors. It also made provisions for the connection between judicial protection and school protection, social protection, and provided strong judicial guarantees for purifying the campus environment, strengthening teachers' professional ethics, and effectively protecting minors.

- Protecting women's rights

In February, the Supreme People's Procuratorate, in conjunction with the All-China Women's Federation, issued a circular to carry out a special activity called Focusing on Disadvantaged Women and Strengthening Special Judicial Assistance to provide timely assistance and support to disadvantaged women who meet the assistance criteria. They aimed to solve the urgent problems faced by disadvantaged women and their families, continuously enhance the sense of fulfillment, happiness, and security of the people. At its 37th

Meeting in October, the Standing Committee of the 13th NPC voted to pass the newly revised Law on the Protection of Women's Rights and Interests, which refines the legal pathways for addressing the new situations and issues faced by women in the current economic and social development and strengthens judicial remedies to protect women's rights. In November, the Supreme People's Procuratorate, in conjunction with the All-China Women's Federation, released 10 typical cases of public interest litigation on the protection of women's rights. These cases focused on the provisions of public interest litigation in the Law on the Protection of Women's Rights and Interests and centered on the protection of women's rights in areas such as labor and social security, personal and personality rights, and property. They paid more attention to the comprehensive protection of women's rights and the full-chain governance of violations of women's rights.

- Protecting the rights of the elderly

In February, the Supreme People's Procuratorate released seven typical cases of civil oversight to protect the legitimate rights and interests of the elderly. These cases involved types of administrative oversight, administrative illegal acts oversight, and substantial resolution of administrative disputes. They played an important role in the procuratorial organs' lawful performance of administrative procuratorial functions, safeguarding the legitimate rights and interests of citizens, legal persons, and other organizations, and especially focusing on and strengthening the effective protection of the legitimate rights and interests of the elderly. In August, the Supreme People's Court released six typical cases of pension fraud crimes, further clarifying the manifestation forms of six categories of key crimes, exposing the tricks and harms of pension fraud, helping the elderly improve their legal awareness and ability to identify and prevent fraud, and effectively promoting the special action against pension fraud. In 2022, the procuratorial organs nationwide approved the arrest of 7, 594 individuals involved in various elderly care fraud crimes and prosecuted 8, 516 individuals. In October, the Ministry of Civil Affairs, the Central Judicial and Law Enforcement Commission, and eight other departments jointly issued the Guidelines on Carrying Out Visiting Care Services for Elderly People with Special Difficulties. They clearly stated that visiting care services should be government-led and involve social participation. Through regular home visits, telephone calls, video calls, remote monitoring, etc., the living conditions of elderly people with special difficulties should be understood and grasped. Support should be provided to caregivers to fulfill their obligations of support and care, and services such as policy publicity and explanation, referral of needs, and necessary assistance should be provided in accordance with actual needs.

- Protecting the rights of persons with disabilities

In January, the General Office of the State Council issued the National Action Plan for Disability Prevention (2021-2025), which deployed measures to further strengthen disability prevention, effectively reduce and control the occurrence and development of disabilities, and ensure the life safety and physical health of the people. In March, the State Council Information Office released the *White Paper on the Development and Protection of the Rights of Persons with Disabilities in China,* stating that safeguarding the rights and development of persons with disabilities, including sports, is an important part of China's human rights cause. The vigorous development of sports for persons with disabilities signifies a significant advancement in China's disability cause and serves as a vivid portrayal of the development achievements of China's human rights theory and practice. In April, the General Office of the State Council issued the Three-Year Action Plan to Promote the Employment of Persons with Disabilities (2022-2024), which deployed measures to accelerate the promotion of employment for persons with disabilities during the current period and the 14th Five-Year Plan period, aiming to achieve more comprehensive and high-quality employment goals for persons with disabilities. The plan specified the tasks, main measures, and guarantee conditions for the special action to promote the employment of persons with disabilities from 2022 to 2024. In May, the Marrakesh Treaty to Facilitate Access to Published Works for Persons Who Are Blind, Visually Impaired, or Otherwise Print Disabled took effect in China, making China the 85th contracting party to the treaty and demonstrating China's international image of vigorously developing disability causes and fully respecting human rights. In August, the National Copyright Administration issued the Interim Regulations on Providing Works to Reading Disabled Persons in an Accessible Manner, which regulated the copyright order for providing works to reading disabled persons in an accessible manner, further promoting the effective implementation of the Copyright Law and the Marrakesh Treaty, and protecting the cultural rights and interests of reading disabled persons. In November, the China Disabled Persons' Federation, the Ministry of Education, and five other departments jointly issued the Standards for the Establishment of Vocational

Schools for Persons with Disabilities, clarifying the basic principles, management, education, and teaching requirements for the establishment of vocational schools for persons with disabilities, and continuously improving the development capabilities, opportunities, and environment for persons with disabilities.

5. Protecting human rights in judicial procedures

In January, the Ministry of Justice issued the National Plan for the Development of the Public Legal Service System (2021-2025), which identified migrant workers, persons with disabilities, the elderly, minors, women, military personnel and their dependents, and demobilized soldiers as key service objects for public legal services.

In March, the Supreme People's Court, the All-China Women's Federation, and five other departments jointly issued the Guidelines on Strengthening the Implementation of the Personal Safety Protection Order System, which provided provisions on the principles of implementation, specific responsibilities of various departments, and obligations to assist in enforcement, effectively safeguarding the legitimate rights and interests of victims of domestic violence.

In April, the Supreme People's Court issued the Decision

on Revising the Interpretation of the Supreme People's Court on Issues concerning the Application of Law in the Trial of Personal Injury Compensation Cases, which revised the compensation standards for disability compensation, death compensation, and living expenses for dependents from the previous urban-rural distinction to a unified calculation based on urban resident standards, thus unifying the compensation standards for urban and rural residents and taking into account the overall situation of urban and rural victims, providing more comprehensive protection for the legitimate rights and interests of the people.

In July, the Supreme People's Court issued the Regulations on the Handling of Cases Involving Personal Safety Protection Orders, further addressing the difficulties encountered in the application, burden of proof, determination, and enforcement of personal safety protection orders in practice.

In September, the Supreme People's Court, the Supreme People's Procuratorate, the Ministry of Public Security, and the Ministry of State Security jointly revised and issued the Regulations on Issues concerning Bail Pending Trial to regulate the application of bail pending trial, ensure the smooth progress of criminal proceedings, and protect the legitimate rights and interests of citizens. The procuratorial organs continued to carry out special activities to review the necessity of detention, expanding the scope of the special activities to all cases under detention.

In December, the Supreme People's Procuratorate released five typical cases of crimes involving the infringement of citizens' personal information in accordance with the law, covering comprehensive protection of different types of personal information such as citizens' credit information, biometric information, trajectory information, and health and physiological information, reflecting the policy orientation of cracking down on crimes involving the infringement of citizens' personal information in accordance with the law.

6. International exchanges and cooperation human rights

In February, State Councilor and Foreign Minister Wang Yi attended the High-level Segment of the 49th Session of the United Nations Human Rights Council via video and delivered a speech entitled "Upholding Equity and Justice to Promote Sound Development of the Global Human Rights Cause". He stated that China believes that all countries should act as true champions of human rights, staunch guardians of people's interests, positive contributors to common development, and firm defenders of equity and justice. In the same month, a side event of the 49th session of the United Nations Human Rights Council on "Human Rights Today: Universal or Global?" was held. The meeting pointed out that countries need to carry out extensive cooperation and work together to build a human community with a shared future.

In March, Chen Xu, the Permanent Representative of China to the United Nations Office at Geneva and Other International Organizations in Switzerland, delivered a joint statement on behalf of more than 40 countries at the 49th session of the United Nations Human Rights Council, calling for increased investment by the UN High Commissioner for Human Rights in economic, social, cultural rights, and the right to development, promoting partnerships through constructive dialogue and cooperation, and opposing the use of human rights as a political tool. In the same month, a panel discussion on ensuring access to vaccines in response to the COVID-19 pandemic was held at the 49th session of the United Nations Human Rights Council, and the Chinese representative stated that the most urgent task in global anti-pandemic efforts was to address the vaccine gap and eliminate the vaccine divide.

In May, the Chinese representative delivered a statement

at the 23rd session of the Intergovernmental Working Group on the Right to Development at the United Nations Human Rights Council, emphasizing the role of development in promoting human rights and calling on the international community to pay attention to development issues and actively implement global development initiatives. He emphasized that all countries should fully leverage development's contribution to the enjoyment of all human rights, adhere to people-centered development philosophy, and ensure that development is for the people and by the people, and that its fruits are shared among all the people.

In July, the China Society for Human Rights Studies and the China Human Rights Development Foundation jointly organized the 2022 Beijing Forum on Human Rights. Participants engaged in in-depth discussions around the theme of "Fairness, Justice, Reasonableness, and Inclusiveness: Working Together to Promote the Development of Human Rights". The forum aimed to exchange beneficial experiences, discuss cooperative plans, and contribute intellectual wisdom to promote the development of global human rights.

In August, a Chinese government delegation underwent review by the United Nations Committee on the Rights of Persons with Disabilities regarding China's implementation of the Convention on the Rights of Persons with Disabilities. The delegation highlighted that China actively advocates, supports, and fulfills the convention, effectively safeguarding the rights of persons with disabilities and improving their lives. It stated that China will continue to promote the comprehensive development of disability-related initiatives to enable the 85 million persons with disabilities to lead happier and dignified lives. During the review process, committee members acknowledged China's achievements and fulfillment of obligations in the development of disability-related initiatives.

Ⅵ. Protection of Intellectual Property Rights

In 2022, China made solid progress in the development of a legal framework for intellectual property rights protection.

1. Continuing to improve the legal system

In 2022, China continued to refine its intellectual property laws and regulations. The revised Scientific and Technological Progress Law and Seed Law were implemented. The Anti-Monopoly Law was revised and enforced. Efforts were made to revise the E-commerce Law and the Implementing Regulations of the Patent Law of the People's Republic of China. The feasibility of comprehensively revising the Regulations on the Protection of New Varieties of Plants of the People's Republic of China for the first time was discussed. Progress was made in reviewing the feasibility of revising the Trademark Law, the Implementing Regulations of the Trademark Law of the People's Republic of China, the Implementing Regulations of the Copyright Law of the People's Republic of China, and the Regulations on Collective Copyright Management.

2. Continuing to strengthen review and registration

- Patents

In 2022, China granted 798, 000 invention patents, a year-on-year increase of 14. 7%. Utility model patents granted were 2, 804, 000, a decrease of 10. 1%. Design patents granted were 721, 000, a decrease of 8. 2%. By the end of 2022, China had 4, 212, 000 valid invention patents, a year-on-year increase of 17. 1%. Among them, the number of valid domestic (excluding Hong Kong, Macao, and Taiwan) invention patents was 3, 280, 000, a year-on-year increase of 21. 3%. The number of valid utility model patents was 10, 835, 000, a year-on-year increase of 17. 2%. The number of valid design patents was 2, 832, 000, a year-on-year increase of 9. 7%. In 2022, China received 74, 000 international patent applications under the Patent Cooperation Treaty, a year-on-year increase of 1. 4%. Among them, domestic applicants submitted 69, 000 applications, a year-on-year increase of 1. 1%.

- Trademarks

In 2022, China saw 6, 177, 000 trademark registrations,

a decrease of 20. 2% compared to the previous year. By the end of 2022, China had 42, 672, 000 valid registered trademarks, a year-on-year increase of 14. 6%. In 2022, China received 5, 827 Madrid international trademark registration applications submitted by domestic applicants, ranking third in the Madrid Union. By the end of 2022, the cumulative number of valid Madrid international trademark registrations by Chinese applicants reached 52, 400. In 2022, foreign applicants designated China in 24, 900 Madrid territorial extension applications (multiple classes per trademark), and China completed substantive examinations for 60, 200 classes in Madrid territorial extension applications.

- Copyright

In 2022, the total number of copyright registrations in China was 6, 353, 100, a year-on-year increase of 1. 42%. Among them, the total number of registered works was 4, 517, 400, a year-on-year increase of 13. 39%. The total number of registered computer software copyrights was 1, 835, 300, a decrease of 19. 50% compared to the previous year.

- Geographical indications

In 2022, China approved the protection of five geographical indication products, registered 514 collective trademarks and certification trademarks using geographical indications, and approved 6, 373 market entities to use specific geographical indication signs. By the end of 2022, China had approved the protection of a total of 2, 495 geographical indication products, registered 7, 076 collective trademarks and certification trademarks using geographical indications, and approved 23, 484 market entities to use specific geographical indication signs.

- Official symbols, special symbols, and Olympic symbols

In 2022, China registered 31 special symbols related to the Healthy China Action, the Hangzhou 2022 Asian Games, and manned spaceflight missions as per the relevant provisions. China also registered two official symbols related to manned spaceflight and announced the protection of eight Olympic symbols for the Beijing 2022 Winter Olympics. Meanwhile, efforts were made to extend the work on the emblem "Surging Tides" for the Hangzhou 2022 Asian Games and the special symbol for the Zhuhai Air Show. Support was provided for the transfer of Olympic symbol rights related to the Beijing 2022 Winter Olympics and Paralympics after the events, aiming to establish a regular protection system.

- Integrated circuit layout designs

In 2022, China received 14, 403 applications for integrated circuit layout design registration, a decrease of 29. 2% compared to the previous year. A total of 9, 106 integrated circuit layout designs were certified, a decrease of 30. 4% compared to the previous year.

- New plant varieties

In 2022, China received 11, 199 applications for agricultural plant variety rights, an increase of 15. 20% compared to the previous year. Among them, 95. 44% of the applications were filed by domestic applicants, and 4. 56% were filed by foreign applicants. A total of 3, 375 agricultural plant variety rights were granted, an increase of 4. 88% compared to the previous year. Among them, 93. 51% of the granted rights were for domestic applicants, and 6. 49% were for foreign applicants. In 2022, China received 1, 828 applications for forestry and grassland plant variety rights. Among them, 90. 21% of the applications were filed by domestic applicants, and 9. 79% were filed by foreign applicants. A total of 651 rights were granted, with 76. 96% of the rights granted to domestic rights holders and 23. 04% granted to foreign rights holders. By the end of 2022, a total of 8, 836 applications for forestry and grassland plant variety rights had been accepted, and 4, 055 rights had been granted.

- Customs protection and filing

In 2022, China received 23, 412 applications for intellectual property protection through customs. A total of 21, 356 applications were approved, representing a 20. 9% increase compared to the previous year. Among them, 15, 091 applications were filed by domestic rights holders, an increase of 28. 6% compared to the previous year. There were 779 applications for cancellation of filings and 34 applications for revocation of filings. The customs protection system for intellectual property received 4, 342 applications for user registration, and 3, 935 applications were approved.

3. Further strengthening administrative protection

- Strengthening administrative protection of patents

In 2022, market regulation authorities at all levels in China handled 57, 000 cases of patent infringement, with a total value of 185 million yuan and a total confiscation amount of 14 million yuan. Among them, there were 37, 000 cases of counterfeit patents, with a total value of 179 million yuan. Intellectual property management departments at all levels handled 58, 000 administrative cases of patent infringement disputes, an increase of 16. 8% compared to the previous year. The China National Intellectual Property Administration concluded the first two major administrative ruling cases of patent infringement disputes and 70 cases of early resolution mechanism for drug patent disputes.

- Strengthening administrative protection of trademarks

In 2022, market regulation authorities at all levels in China handled 37,500 cases of trademark infringement, with a total value of 1.448 billion yuan and a total confiscation amount of 594 million yuan. Among them, there were 31,400 cases of trademark infringement and counterfeiting, with a total value of 734 million yuan and a total confiscation amount of 529 million yuan. Over 1,700 cases of malicious registration of trademarks related to the Beijing 2022 Winter Olympics and Paralympics and the FIFA World Cup in Qatar were cracked down upon promptly and severely.

- Strengthening administrative protection of copyright

Concentrated actions were conducted to protect the copyright of the Beijing 2022 Winter Olympics, a seasonal action for the protection of copyright for youth, a special operation to combat the illegal recording and dissemination of films in theaters, and the Sword Net 2022 special action. The focus was on cracking down on illegal dissemination of Winter Olympics event programs, infringement and piracy that harm the rights of minors, and illegal activities of film recording and dissemination. In 2022, copyright enforcement departments at all levels in China inspected 507, 000 physical market entities, handled 3, 378 cases of copyright infringement and piracy, transferred 174 cases to judicial authorities, and involved an amount of 1. 258 billion yuan. Among them, 1, 180 cases of online copyright infringement and piracy were handled, and 87 cases were transferred to judicial authorities. A total of 846, 200 infringing and pirated links were deleted, 1, 692 infringing and pirated websites (apps) were shut down, and 15, 400 infringing accounts were dealt with.

- Strengthening administrative protection against unfair competition

With a focus on important commodities such as agricultural products, epidemic prevention and protective supplies, food, as well as important factors in the market such as technology and data, efforts were made to combat counterfeiting and confusion of business signs and strengthen the protection of trade secrets. In 2022, market regulation authorities at all levels in China handled 9, 069 cases of unfair competition, with a total fine amount of 620 million yuan. Among them, there were 703 cases of counterfeiting and confusion, with a fine amount of 17.03 million yuan, and 69 cases of infringement of trade secrets, with a fine amount of 4.96 million yuan. By the end of 2022, a total of 6,535 demonstration bases, rights protection contact points, and demonstration enterprises for the protection of trade secrets had been established.

- Strengthening administrative protection of plant varieties

Special operations were conducted to combat the production and sale of fake and inferior forest and grass seeds and the infringement of plant variety rights in 2022. A total of 217 cases of illegal forest and grass seed activities, including counterfeiting, operating without a license, operating beyond the authorized scope, failure to file as required, and lack of records, were investigated, with a fine amount of over 1.13 million yuan. Among them, there were 37 cases of production and sale of fake and inferior forest and grass seeds, with a fine amount of nearly 500,000 yuan.

4. Steadily advancing judicial protection

- Steadily advancing the work of intellectual property litigation

In 2022, the Supreme People's Court of China accepted

3, 786 new civil intellectual property cases and concluded 3, 073 cases, representing a decrease of 10. 77% and 13. 61% respectively compared to 2021. There were 1, 456 new administrative intellectual property cases, with 1, 542 cases concluded, representing a decrease of 48. 95% and 38% respectively compared to 2021. Local people's courts at all levels accepted 438, 480 new first-instance civil intellectual property cases, concluded 457, 805 cases, representing a decrease of 20. 31% and 11. 25% respectively compared to 2021. There were 20, 634 new first-instance administrative intellectual property cases, with 17, 630 cases concluded, representing an increase of 0. 35% and a decrease of 8. 85% respectively compared to 2021. There were 5, 336 new first-instance criminal intellectual property cases, with 5, 456 cases concluded, representing a decrease of 14. 98% and 9. 76% respectively compared to 2021.

- Intensifying the crackdown on intellectual property crimes

In 2022, public security organs cracked 27, 000 cases of intellectual property infringement and the production and sale of counterfeit goods. Various types of business entities were equally protected by law, and a number of major intellectual property infringement cases were solved. Prosecution authorities brought charges against 12, 589 individuals involved in intellectual property crimes, including more than 4, 800 people involved in counterfeiting registered trademarks and more than 4, 600 people involved in the sale of goods with counterfeit registered trademarks.

- Strengthening oversight over intellectual property litigation

The prosecuting authorities promptly rectified issues concerning intellectual property crimes, such as cases not being transferred, cases not being filed, improper case filing, fines replacing criminal penalties, and unfair judgments. In 2022, it was recommended that administrative law enforcement agencies transfer 431 persons, an increase of 40. 8% compared to the previous year; and supervised public security agencies to file 341 cases, an increase of 14% compared to the previous year. Efforts were made to advance the centralized and unified performance of the prosecutorial functions in intellectual property rights. Over 730 civil supervision cases related to intellectual property rights were accepted, with 80 cases proposing appeals and re-trial prosecutorial suggestions. Additionally, over 200 administrative supervision cases related to intellectual property rights were accepted, playing a part in promoting the combination punch of serving innovation-driven development.

5. Actively promoting international cooperation

● Actively participating in multilateral and bilateral consultations to establish more complete international treaty agreements

In February, China officially submitted the accession documents to the World Intellectual Property Organization (WIPO) for joining the Hague Agreement concerning the International Registration of Industrial Designs and the Marrakesh Treaty to Facilitate Access to Published Works for Persons Who Are Blind, Visually Impaired or Otherwise Print Disabled. These accession documents came into effect on May 5. China promoted the negotiation process on intellectual property issues in the negotiation of the Treaty on the Protection of Broadcasting Organizations, the Treaty on the Protection of Traditional Cultural Expressions, as well as in free trade agreements with Japan, the Republic of Korea, Nicaragua, Israel, and the Gulf Arab States. The Chinese Ministry of Commerce, together with the National Development and Reform Commission and other four departments, issued the Guidelines on the High-Quality Implementation of the Regional Comprehensive Economic Partnership (RCEP), proposing to strengthen intellectual property protection. China conducted in-depth research on the intellectual property chapter of the Comprehensive and Progressive Agreement for Trans-Pacific Partnership (CPTPP), actively expounded its open position, and promoted the alignment with international high-standard intellectual property rules. China actively promoted the implementation of agreements and protocols on geographical indications protection with the European Union, France, Thailand, and other countries.

- Actively participating in international conferences and forums to contribute more Chinese approaches

China continued to consolidate exchanges and cooperation with international organizations such as the World Intellectual Property Organization (WIPO) and the World Trade Organization (WTO), and participated in relevant member country conferences and regional meetings. WIPO Director General Daren Tang was invited to attend a series of foreign affairs activities, including the opening ceremony of the Beijing 2022 Winter Olympics. China co-organized the Seminar on Intellectual Property and Genetic Resources, Traditional Knowledge and Traditional Cultural Expressions and submitted factual reports generated from the conferences to the Intergovernmental Committee on Intellectual Property and Genetic Resources, Traditional Knowledge, and Folklore (IGC) at its 47th session. China cooperated with the WTO in negotiating and discussing the intellectual property waiver for COVID-19 vaccines. It hosted the 14th BRICS Heads of Intellectual Property Offices (HIPO) Meeting. It participated in the meetings of the heads of intellectual property offices of China, the United States, Europe, Japan, and the Republic of Korea (IP5), the cooperation of the trademark offices of China, the United States, Europe, Japan, and the Republic of Korea (TM5), the cooperation of the industrial design offices of China, the United States, Europe, Japan, and the Republic of Korea (ID5), and the meeting of the heads of intellectual property offices of China and ASEAN. It held talks with the heads of intellectual property offices of the European Patent Office, the European Union Intellectual Property Office, the Eurasian Patent Office, as well as Japan, the Republic of Korea, the Netherlands, Kyrgyzstan, Laos, and other countries and territories. It organized bilateral intellectual property working group meetings with trade partners such as Switzerland, the European Union, and Russia. It held copyright talks with Japan, the United Kingdom, the Republic of Korea, and the European Union.

- Actively promoting international cooperation and training in intellectual property

China continued to carry out the Belt and Road Master Degree Program in Intellectual Property and enrolled 30 students from 14 countries. It organized online training courses on intellectual property for Belt and Road countries, with the participation of 101 intellectual property officials from 16 countries and territories. For the first time, China held an online training course on intellectual property capacity building under the ASEAN-China Young Leaders Scholarship for the Belt and Road Initiative, with the participation of 27 intellectual property officials from ASEAN countries. It held intellectual property training courses for Africa and Latin American regions and specific field examination training courses for Costa Rica. It recommended experts to teach customs personnel from developing countries such as those in Africa and along the Belt and Road, strengthening the export of China's customs intellectual property protection concepts and systems. It held training courses on the protection of plant varieties in developing countries, creating high-quality training programs for foreign aid.

Ⅶ. Building the Rule of Law in Eco-civilization

In 2022, China made significant progress in the development of eco-civilization and the rule of law. Various functional departments closely followed the strategic plans of the Party Central Committee on the development of eco-civilization and the rule of law, continuously enhanced environmental governance capabilities, improved environmental governance systems, and worked together tirelessly to build a Beautiful China characterized by human between humans and nature.

1. Legislation for eco-civilization

- Formulating a series of guiding documents

In February, the CPC Central Committee and the State Council issued the Guidelines on Promoting Comprehensive Rural Revitalization in 2022, proposing to promote green development in agriculture and rural areas, continue the five-year action plan for rural living environment improvement, and solidly carry out infrastructure development in key rural areas. In April, they issued the Guidelines on Accelerating the Development of a Unified National Market, which put forward 23 requirements in six aspects, including establishing a unified national energy market and fostering the development of a unified national ecological environment market. In May, the General Office of the CPC Central Committee and the General Office of the State Council issued the Action Plan for Rural Development, which established resource conservation and green development as one of the principles of rural development. The plan called for the establishment of a green and low-carbon concept, promotion of resource efficiency, circular utilization, implementation of green planning, design, and development, and the organic integration of rural development with the natural ecological environment. In the same month, the General Office of the State Council issued the Action Plan for the Control of New Pollutants, which proposed establishing a cross-department coordination mechanism for the control of new pollutants, led by the Ministry of Ecology and Environment, with participation from the National Development and Reform Commission, the Ministry of Science and Technology, and the National Health Commission, to advance the control of new pollutants comprehensively.

- Formulating and revising a batch of laws, regulations, and rules for environmental resources

In terms of laws, the Black Soil Protection Law and the Yellow River Protection Law were formulated, and the Wildlife Protection Law and the Law on the Prevention and Control of Noise Pollution were revised.

In terms of administrative regulations and departmental regulations, in April, the Ministry of Ecology and Environment announced the Measures for the Prevention and Control of Environmental Pollution Caused by Tailings, which strengthened the pollution prevention, control, and oversight over tailings. In May, the Ministry of Agriculture and Rural Affairs, the Ministry of Natural Resources, the Ministry of Ecology and Environment, and the General Administration of Customs jointly issued the Management Measures for Invasive Alien Species, which emphasized risk prevention, source control, comprehensive governance, coordinated cooperation, and public participation. It highlighted key areas and critical processes, established sound management systems, strengthened joint prevention, control, and comprehensive management, and comprehensively improved the management level of invasive alien species. In September, the Ministry of

Agriculture and Rural Affairs announced the revised Regulations on Animal Quarantine Management, which provided detailed provisions for strengthening grassroots animal quarantine capabilities and optimizing work mechanisms. In November, the Ministry of Ecology and Environment released the Management Measures for Key Environmental Regulation Units, which clarified the selection criteria for key pollution-emitting units and key regulatory units, and standardized the procedures for determining and publishing the list. In December, the Ministry of Ecology and Environment, together with the Ministry of Industry and Information Technology and five other departments, announced the List of Key Controlled New Pollutants (2023 Edition), and implemented oversight and management of key controlled new pollutants in accordance with the law.

In terms of local regulations, in January, the 12th People's Congress of the Ningxia Hui Autonomous Region passed the Regulations on Promoting the Development of the Yellow River Basin Ecological Protection and High-Quality Development Pilot Zone in the Ningxia Hui Autonomous Region. This is China's first local legislation on the ecological protection and high-quality development of the Yellow River Basin, and it serves as a comprehensive and pioneering legislation for promoting the development of the pilot zone. At its 37th Meeting in September, the Standing Committee of the 17th People's Congress of Tianjin Municipality passed the Regulations on the Promotion of Eco-civilization Education in Tianjin Municipality. This is China's first provincial-level local regulation with the main purpose of promoting eco-civilization education, and it provides clear provisions for ecological security education in Tianjin Municipality. At its 35th Meeting in the same month, the Standing Committee of the 13th People's Congress of Qinghai Province passed the resolution on approving the Regulations on the Protection of the Cold Lake Astronomical Observation Environment in Haixi Mongolian-Tibetan Autonomous Prefecture. These are China's first local regulations on the protection of dark night skies, which defined the cold lake astronomical observation environment as a core area and a buffer area for dark night protection, with a focus on protecting the nighttime optical observation environment.

- Formulating and revising technical specifications and normative documents

In 2022, the revision of national ecological and environmental standards maintained a fast pace, with a total of 80 standards issued. Among them, there were 5 emission standards for pollutants, 54 monitoring standards for ecological environment, 4 basic standards for ecological environment, and 17 technical specifications for ecological environment management. By the end of 2022, the existing national ecological and environmental standards reached 2, 305, effectively promoting technological and economic progress in various industries and optimizing and upgrading industrial structures. In April, the Ministry of Ecology and Environment organized the formulation of the Work Plan for Ecological and Environmental Standards during the 14th Five-Year Plan, further clarifying the key tasks and measures for improving national ecological and environmental standards and developing local ecological and environmental standards during the 14th Five-Year Plan period. In December, the Ministry of Agriculture and Rural Affairs, together with the Ministry of Natural Resources and five other departments, organized the formulation and release of the List of Key Managed Invasive Alien Species, which includes 59 species in eight categories, including plants, insects, plant pathogenic microorganisms, plant pathogenic nematodes, mollusks, fish, amphibians, and reptiles.

2. Eco-civilization law enforcement

- Strengthening ecological environment monitoring

In March, the Ministry of Ecology and Environment issued the Regulatory Plan for Ecological Protection during the 14th Five-Year Plan, which is China's first regulatory plan for ecological protection. Its aim is to promote the modernization of ecological protection regulatory systems and capabilities, safeguard the boundary of natural ecological security, and establish a solid foundation for building a Beautiful China. In December, the Ministry of Ecology and Environment issued the Measures for Ecological Environmental Oversight over of Ecological Protection Redlines (for Trial Implementation), which standardize and guide ecological environmental oversight work for ecological protection redlines, ensure and enhance the effectiveness of ecological environmental protection within the redlines, and guarantee national ecological security. Comprehensive efforts were made to strengthen the development of the ecological environment monitoring system, successfully launch three ecological environment satellites, steadily promote carbon monitoring and evaluation pilots, and organize pilot assessments for agricultural non-point source pollution monitoring and key soil pollution control unit monitoring points.

- Deepening the reform of the regulatory systems and mechanism for eco-civilization

In July, the General Office of the Ministry of Ecology and Environment issued the Circular on Optimizing the Enforcement Methods of Ecological Environmental Protection to Support Stable Economic Development. The circular pointed out that in 2022, the Ministry of Ecology and Environment guided local ecological environment departments to implement the positive list system for oversight and enforcement, promote remote regulation, and highlight precise pollution control; develop onsite inspection plans, strengthen the system characterized by the random selection of both inspectors and inspection targets and the prompt release of results, and highlight scientific pollution control; establish a list of enforcement matters, improve the rules and benchmarks for administrative penalties, highlight pollution control in accordance with the law, and continuously strengthen law enforcement responsibilities, improve law enforcement mechanisms, and comprehensively enhance law enforcement effectiveness. In November, the Ministry of Ecology and Environment, together with the Supreme People's Court and other 17 entities, issued the Guidelines on

Getting Functional Departments to Perform Ecological Environmental Protection Work, promoting functional departments' better fulfillment of ecological environmental protection responsibilities and forming collaborative workforces. In December, the Ministry of Finance issued the Circular on Transferring the Collection of Fees for Forest and Grassland Vegetation Restoration to Taxation Departments, clearly stating that starting from January 1, 2023, the fees for forest and grassland vegetation restoration would be transferred to taxation departments for collection.

- Solidly completing the second round of inspections on ecological and environmental protection by the central authorities

Routine inspections were carried out on five provinces and autonomous regions, as well as the Xinjiang Production and Construction Corps. A total of 11,800 cases of public complaints and proposals and reports were accepted and transferred, and a batch of typical cases were publicly exposed, further acerating the responsibilities of local Party committees and governments for ecological and environmental protection. The inspections achieved significant results of acknowledgment from the central government, approval from the people, support from all parties, and problem-solving.

The overall completion rate of the 3, 294 rectification tasks specified in the rectification plans of the first round of inspections and the review was 97%. The overall completion rate of the 2, 164 rectification tasks specified in the rectification plan of the second round of inspections was 60%. The production of ecological and environmental warning films for the Yangtze River Economic Belt and the Yellow River Basin in 2022 was completed, and a total of 234 prominent ecological and environmental problems were referred to local authorities.

- Strengthening environmental law enforcement inspections and punishments

The Ministry of Ecology and Environment, together with the Supreme People's Procuratorate and the Ministry of Public Security, carried out a special action for the third year running to crack down on environmental crimes involving hazardous waste and falsification of automatic monitoring data by key polluting units. In 2022, 805 cases of suspected environmental crimes involving hazardous waste were transferred to public security agencies, and 232 cases of suspected environmental crimes involving falsification of automatic monitoring data were transferred. In 2022, departments of environment and ecology at all levels issued a total of 91, 000 environmental administrative penalty decisions, with a total amount of fines reaching 7.672 billion yuan. Special rectification was carried out in the waste incineration power generation industry to ensure compliance with emissions standards. Since 2020, the nationwide compliance rate for five conventional pollutants and furnace temperature in waste incineration power plants had remained above 99%. The National Integrated Administrative Law Enforcement Supervision Platform for Ecological and Environmental Protection was established to promote the comprehensive use of high-tech equipment such as satellite remote sensing, drones, and patrol vehicles, and explore the classification management of over 45,000 enterprises on a positive list. The Ministry of Ecology and Environment, together with the Ministry of Transport, the Ministry of Water Resources, the Ministry of Agriculture and Rural Affairs, the Chinese Academy of Sciences, the State Forestry and Grassland Administration, and the China Coast Guard jointly organized the Green Shield 2022 initiative to strengthen oversight over nature reserves, and verified and rectified problem clues found through remote sensing monitoring of national-level nature reserves and national scenic spots. The State Forestry and Grassland Administration, the Ministry of Agriculture and Rural Affairs, the Central Judicial and Law

Enforcement Commission, and eight other departments jointly carried out the three-month 2022 Clear Breeze Action, cracking down on a large number of cases involving the destruction of wildlife resources, and effectively curbing illegal wildlife trade activities, consolidating the achievements of the ban on eating wildlife and the ten-year fishing ban in the Yangtze River.

• Deepening efforts to promote ecological and environmental damage compensation

In April, the Regulations on the Management of Ecological and Environmental Damage Compensation, jointly issued by the Ministry of Ecology and Environment and 14 other organizations, including the Supreme People's Court, were deliberated and approved by the Central Commission for Law-Based Governance, promoting the normalized, standardized, and scientific operation of the ecological and environmental damage compensation system under the rule of law. In July, the Ministry of Ecology and Environment, in conjunction with the State Forestry and Grassland Administration, issued the Technical Guidelines for Forest Ecological and Environmental Damage Identification and Assessment (for Trial implementation), further improving the technical standards for ecological and environmental damage identification and assessment. From

2018 to 2022, a total of approximately 22,400 ecological and environmental damage compensation cases were handled nationwide, involving compensation amounts of approximately 15.7 billion yuan. In 2022, there were approximately 11,200 new cases, involving compensation amounts of approximately 4 billion yuan.

3. Eco-civilization judiciary

- Issuing a series of judicial documents on environmental resources

In January, the Supreme People's Court issued the Interpretation on the Application of Punitive Damages in the Trial of Ecological Environment Tort Disputes. It detailed the scope of application, conditions, priority of performance, determination of punitive damages, timing of parties' claims for punitive damages, and specific requests, providing more specific application standards and judicial basis for the implementation of Article 1232 of the Civil Code. In April, the Supreme People's Court and the Supreme People's Procuratorate jointly issued the Interpretation on the Application of Laws in Handling Criminal Cases of Destroying Wild Animal Resources, adjusting the criteria for conviction and sentencing to value standards to better achieve the balance between crime and punishment. Special considerations were given to cases involving the destruction of artificially bred wild animal resources to ensure compliance with the general public's understanding. The principle of comprehensive discretion was adhered to in order to ensure a balanced approach. In May, the Supreme People's Court and the Supreme People's Procuratorate jointly issued the Regulations on Handling Cases of Public Interest Litigation Involving Marine Natural Resources and the Ecological Environment, regulating the application of civil public interest litigation, criminal incidental civil public interest litigation, and administrative public interest litigation filed due to the destruction of the marine ecology, marine aquatic resources, and marine protected areas. In June, the Supreme People's Court issued the Interpretation on the Application of Laws in Handling Civil Disputes over Forest Resources, aiming to properly handle civil disputes over forest resources, protect the ecological environment and the legitimate rights and interests of the parties in accordance with the law.

- Handling a batch of environmental resource cases

In 2022, local people's courts at all levels accepted 273, 177 first-instance environmental resource cases and concluded 246, 104 cases. Among them, 3, 191 environmental public interest litigation cases were accepted, and 2,131 cases were concluded; 167 cases of ecological environment damage compensation were accepted, and 94 cases were concluded. In 2022, procuratorial organs at all levels handled a total of 95,000 cases ecological environment and resource protection, an increase of 8.3% compared to the previous year, and prosecuted 37,000 individuals involved in crimes of damaging ecological environment resources.

- Strengthening judicial policy guidance

In June, the Supreme People's Court issued the China Environmental Resource Trial (2021), China Environmental Judiciary Development Report (2021), and Typical Cases of Environmental Resource Trial by People's Courts in 2021, comprehensively showcasing the work of people's courts in environmental resource trials in 2021 and fully demonstrating the exemplary role of typical cases in accelerating the modernization of the environmental resource trial system and judicial capacity. In the same month, the Supreme People's Procuratorate issued 10 typical cases of prosecutorial public interest litigation in the water-related field. Among them, there were 4 water resource protection cases, 2 flood control safety cases, 2 water ecological protection cases, and 2 riverbank protection cases. In the same month, the Supreme

People's Court issued 10 typical cases of civil disputes over forest resources, involving various areas such as the protection of the Yangtze River's protective forest, the reclamation of barren hills around black soil areas, forest fire prevention and control, and green finance. In July, the Supreme People's Court issued the Guidelines on Fully Exerting the Function of Environmental Resource Trial to Punish Crimes of Illegally Mining Mineral Resources, requiring people's courts at all levels to fully exert the function of environmental resource trial and punish crimes of illegally mining mineral resources in accordance with the law, effectively safeguarding the safety of mineral resources and the ecological environment. To guide people's courts at all levels in accurately understanding and grasping the guiding principles from and requirements of the judicial document and to enhance the legal awareness of environmental resource protection in society, the Supreme People's Court also released 10 typical cases of people's courts punishing crimes of illegally mining mineral resources, involving issues such as the implementation of the Yangtze River Protection Law, the protection of black soil, the national marine strategy, and energy and strategic resource security. In the same month, the Supreme People's Procuratorate issued 12 typical cases of procuratorial organs serving and guaranteeing the development of the Yangtze River Economic Belt. These cases involved issues such as hazardous waste pollution control, illegal mining control, and cross-jurisdictional pollution control. Among them, four were criminal cases, and eight were administrative public interest litigation cases.

Ⅷ. Legal Research, Legal Education, and Legal Communication

In 2022, significant achievements were made in the research on legal theory, legal education, and the communication in the rule of law in China.

1. Research on legal theory

• Thoroughly studying and implementing the guiding principles from the 20th CPC National Congress and studying and researching Xi Jinping's thinking on the rule of law

The political report of the 20th CPC National Congress specifically deployed efforts to exercise law-based governance on all fronts and advance the rule of law in China, providing direction for the comprehensive development of a socialist modern country under the rule of law. In 2022, with Xi Jinping's thinking of the rule of law as the fundamental guideline, the General Office of the Central Commission for Law-Based Governance established research topics such as incorporate Xi Jinping's thinking of the rule of law into the curriculum and make it a way of thinking. In 2022, the China Law Society strengthened its research and interpretation of Xi Jinping's thinking on the rule of law. The focus was on conducting research on the original contributions of Xi Jinping's thinking on the rule of law, particularly the 11 upholds. This effort resulted in the publication of 11 issues of the *China Law Society Bulletin* and the Research Report on the Original Contributions of Xi Jinping's Thinking on the Rule of Law. Furthermore, a seminar was held to deepen the study and interpretation of Xi Jinping's thinking on the rule of law. Efforts were also made to ensure high-quality research at the Xi Jinping's Thinking on the Rule of Law Research Center. Twelve special issues of *Research and Practice of Xi Jinping's Thinking on the Rule of Law* were edited and published. These issues included 20 articles by Party and state leaders and covered 18 articles by leaders or units at the ministerial level. Additionally, there were 53 articles by leaders at the deputy ministerial level. Furthermore, 42 special commissioned research projects were established under the theme of "Research and Practice of Xi Jinping's Thoughts on the Rule of Law". The Xi Jinping's Thinking on the Rule of Law Research Center published four signed articles in newspapers such as *People's Daily* and magazines like *Outlook Weekly*.

● Providing high-quality services for the modernization of China's rule of law

In 2022, the China Law Society focused on the modernization of the rule of law and established 191 ministerial-level research topics, such as Research on the Development of China's Discourse System for the Modernization of the Rule of Law, Research on the Rule of Law Guarantee of People's Democratic Supervision in the Whole Process of Budgetary Review and Oversight by the NPC, Strategies for the Modernization of Local Legislative Capacity from the Perspective of National Governance Capacity, Model of Law-Based Government Evaluation Led by the NPC, Judicial Application of International Treaties in the Context of Coordinated Promotion of Domestic Rule of Law and Rule of Law in Foreign-Related Matters, Research on Seizing the Key Few Leading Officials, Reflection and Redevelopment of the Concept of Intra-Party Regulatory System, Rule of Law Guarantee for the Operation of Rural Homestead Use Rights Aimed at Common Prosperity, and Legalization of the Business Environment and Modernization of Commercial Legal Systems, providing multidimensional theoretical support for the modernization of China's rule of law. In 2022, the China Law Society organized legal professionals to conduct research closely related to the major plans and legislation of the Party Central Committee, holding over 40 expert consultation meetings on legislation and over 10 discussions on topics such as personal bankruptcy legislation in collaboration with the Financial and Economic Affairs Committee of the NPC. The relevant outcomes were widely adopted by legislative bodies.

- Strengthening research in key areas and emerging fields of law

In 2022, the legal community focused on key issues such as national security in the digital age, technological innovation, artificial intelligence, digital economy, information protection, and industrial development. Efforts were made to organize research on various aspects including the national security risks and governance system of artificial intelligence, the construction of an efficient collaborative mechanism for the digital rule of law system, the improvement of anti-monopoly mechanisms in the context of the digital era, the legal regulation of administrative barriers in the data market, the rule of law safeguards for digital government construction, the design of rules for personal information processing from the perspective of market-oriented allocation of data elements, the Chinese strategies for the legal governance of digital economy taxation, the criminal law-based differentiation protection of data and information, the legal regulation of taxation and management for internet finance direct financing, the Chinese approach to improving the global governance system for cross-border data flow, the algorithmic regulation of judicial artificial intelligence, the improvement of legal systems for artificial intelligence, and the types and legal regulation of intelligent decision-making in public administration, as well as the application risks and governance strategies of facial recognition technology. A number of high-quality academic achievements were made to provide reference for central decision-making.

- Setting a new stage for the development of Chinese human rights theory and discourse system

In February, the Human Rights School of Southwest University of Political Science and Law was established, becoming the first human rights school in Chinese universities. In May, the *Human Rights* Magazine and the Human Rights Research Center of Renmin University of China held an academic symposium to commemorate the 20th anniversary of the founding of the *Human Rights* Magazine. In November, the China Society for Human Rights Studies held a seminar in Beijing, China to deepen the study and implementation of the guiding principles from the 20th CPC National Congress and to adhere to the path of human rights development in China. In December, the first five-episode TV political commentary series titled *China's Human Rights in the New Era*, with human rights as its theme, was broadcasted.

- Deepening research in legal discipline

With a focus on "Chinese Modernization and the Innovation of Legal Theory", legal discipline conducted discussions on the topics of "Xi Jinping's Thinking on the Rule of Law and the Innovation of Legal Theory", "Chinese Modernization and the Innovation of Legal Theory", and "Practice and Experience of Party Leadership in Comprehensive Law-Based Governance since the 18th CPC National Congress". With a focus on the local context, the discipline of constitutional law continued to address the epochal issues arising from the construction of socialism with Chinese characteristics in the modernization process, and responded to the people's aspirations for a constitutional life. It conducted systematic and in-depth discussions in various fields, including the basic concepts of constitutional law, constitutional implementation and supervision, protection of basic rights and the constitution, state institutions, national systems, national governance, as well as comparative constitutional law and foreign constitutions. The discipline of administrative law focused on research in various aspects such as administrative acts, administrative organization, and administrative remedies. The codification of administrative law continued to be a hot topic in the field of administrative law research. Digital administration received more attention, and new forms of administrative behavior were emphasized, with increased focus on the study of remedies for safeguarding rights. The discipline of criminal law focused on the theme of "Guiding the High-Quality Development of Chinese Criminal Law Research with Xi Jinping's Thinking on the Rule of Law". It explored research on criminal law with Chinese characteristics, hot issues in criminal justice, cutting-edge research in criminal law theory, and the application of criminal law in the digital age. The discipline of civil law continued in-depth exchanges and discussions on the application of the Civil Code and related judicial interpretations. The discipline of commercial law conducted discussions and research on the economic development and responses of commercial law in the post-pandemic era. The discipline of economic law focused on the theme of "Epidemic Prevention and Control, Economic Development, and Economic Law". It discussed sub-topics such as studying and implementing the guiding principles from the 20th CPC National Congress, coordinating epidemic prevention and control with economic development, promoting the healthy development of the digital economy, building a unified national market, and advancing common prosperity. The discipline of criminal procedural law conducted in-depth research on jurisdictional systems, evidence systems, defense systems, various procedural systems, and the system that imposes lenient punishments on individuals who confess to their crimes voluntarily and accept punishments. The discipline of civil procedural law conducted research on constructing theoretical frameworks for Chinese civil procedural law and addressing hot and difficult issues in practice. The discipline of intellectual property law focused on the theme of "Intellectual Property System and Era Transformation". It discussed topics such as fundamental theoretical issues of intellectual property, patent law, copyright law, frontier issues and institutional improvements in the protection of trademarks, as well as frontier theoretical issues in the law against unfair competition. The discipline of international law followed the basic requirement of "promoting the coordinated development of domestic rule of law and rule of law in international affairs" in Xi Jinping's thinking on the rule of law. It conducted research and discussions on topics such as the construction of the rule of law in international affairs, the concept of a human community with a shared future and international law, the deepening of the Belt and Road Initiative, and the United Nations Convention on the Law of the Sea.

2. Legal education

- Deeply integrating the guiding principles from the 20th CPC National Congress into legal education

Law schools paid high attention to the 20th National Congress and quickly launched a wave of studying, propagating, and implementing its guiding principles. In October, the four law schools of Tsinghua University, Peking University, Renmin University of China Law School, and China University of Political Science and Law jointly organized activities with the theme of "Studying and Implementing the Guiding Principles from the 20th CPC National Congress and Following the Path of Chines Rule of Law". China University of Political Science and Law held the Forum on Educating People for the Party, Cultivating Talents for the Country, and Contributing to the Civilized Rule of Law to study and implement the guiding principles from the 20th National

Congress. East China University of Political Science and Law, together with the Shanghai Law Society, held a seminar on the theme of "Xi Jinping's Thinking of the Rule of Law and the Development of Legal Education in the New Era", focusing on the development blueprint of legal education in the New Era and the direction of cultivating legal talents in the rule of law. Northwest University of Political Science and Law held the Forum on Studying the Guiding Principles from the 20th CPC National Congress and Promoting the Development of a Rule of Law China, studying the decision-making arrangements on comprehensively advancing the rule of law in the political report of the 20th National Congress. Zhongnan University of Economics and Law Law School hosted the 2022 Central China Regional Law School Youth Seminar with the theme of "Legal Youth Talk: Xi Jinping's Thinking of the Rule of Law Leading China's Modernization of the Rule of Law".

- Further incorporating Xi Jinping's thinking of the rule of law into the curriculum and make it a way of thinking

After the publication of the textbook *Xi Jinping's Thinking on the Rule of Law* organized by the China Law Society, as of the end of 2022, more than 630 law schools and 35 public security colleges had offered the course

"Xi Jinping's Thinking on the Rule of Law" and used the textbook. The revision of the textbook aims to promote the implementation of Xi Jinping's thinking on the rule of law in the compilation of textbooks and teaching work in various legal disciplines. Targeting leading officials and young people, Xi Jinping's thinking on the rule of law had been incorporated into the education systems for officials, the general public, and society. The theoretical study centers of Party committees and leading Party members' groups at all levels have included Xi Jinping's thinking on the rule of law as an important content in their study.

- Implementing the major guiding principles from the speech General Secretary Xi Jinping delivered during his visit to Renmin University of China and actively constructing an independent knowledge system of Chinese law

In April, General Secretary Xi Jinping visited and conducted research at Renmin University of China, proposing He proposed "accelerating the construction of philosophy and social sciences with Chinese characteristics ultimately means to establish an independent knowledge system in China". In October, Renmin University of China held the Forum on Xi Jinping's Thinking of the Rule of Law and the Development of an Independent Knowledge System of Chinese Law, closely focusing on the important development proposition that "accelerating the construction of philosophy and social sciences with Chinese characteristics ultimately means to establish an independent knowledge system in China". The forum conducted in-depth discussions from four aspects: The Original Contribution of Xi Jinping's Thinking on the Rule of Law, Development of an Independent Knowledge System of Basic Legal Studies in China, Development of an Independent Knowledge System of Specialized Legal Studies in China, and Development of an Independent Knowledge System of Interdisciplinary Legal Studies in China. In December, a joint session of the inaugural meeting of the China Rue of Law Strategy Research Institute at East China University of Political Science and Law and the seminar on the development of research think tanks was held. Experts at the session conducted discussions on the theme of "Constructing an Independent Knowledge System of Chinese Law and Systematically Promoting the Implementation of the Rule of Law China Strategy".

- Making fresh progress in the development of the discipline of law and professional development

In February, the Ministry of Education, the Ministry of Finance, and the National Development and Reform

Commission announced the list of disciplines selected for the second round of first-rate universities and disciplines.[①] Law disciplines at Renmin University of China, China University of Political Science and Law, Wuhan University, and Zhongnan University of Economics and Law were included in the list of proposed first-rate disciplines. Peking University and Tsinghua University independently determine their first-rate disciplines, and their law disciplines were already included in the first round of first-rate disciplines. In March, the doctoral program in the discipline of discipline inspection and supervision at Zhongnan University of Economics and Law was approved. In April, the National Supervision and Anti-Corruption Research Center of China University of Political Science and Law hosted the First Seminar on the Development of Supervisory and Legal Disciplines. In June, the Ministry of Education announced the list of national and provincial first-class undergraduate program development sites for 2021, and a batch of undergraduate programs in law were selected. In September, the Academic Degrees Committee of the State Council and the Ministry of Education issued the

① This is a significant strategic decision made by the CPC Central Committee and the State Council. It is also a national higher education strategy in China, following the Projects 211 and 985.

Directory of Graduate Education Disciplines and Majors (2022) and the Management Measures for the Directory of Graduate Education Disciplines and Majors, which added two first-level disciplines: CPC history and building and discipline inspection and supervision. They also added two categories of master's degrees: intellectual property and international affairs, and two categories of doctoral degrees: law and social work. In October, the School of Discipline Inspection and Supervision at Southwest University of Political Science and Law and the School of Discipline Inspection and Supervision at East China University of Political Science and Law were established successively. In November, the School of CPC History and Building and the School of Discipline Inspection and Supervision at Renmin University of China were established.

● Continuing to innovate the mechanism for cultivating foreign-related legal talents

In March, the Institute of Foreign-Related Legal Talents at the University of International Business and Economics released *the Report on the Development of Foreign-Related Rule of Law in China (2021)*. In April, the Ministry of Justice, the Ministry of Education, the Ministry of Science and Technology, the State-Owned Assets Supervision and

Administration Commission of the State Council, the All-China Federation of Industry and Commerce, and the China Council for the Promotion of International Trade jointly issued the Circular on the Implementation of the Talent Cultivation Program for Foreign-Related Arbitration, stating that by 2025, a talent cultivation system for foreign-related arbitration that is compatible with the internationally recognized arbitration system will be established. It aims to select 1, 000 high-end leading personnel, train 1, 000 professional advancement personnel, and cultivate 1, 000 young reserve personnel, thus creating a high-quality and professional team of foreign-related arbitration talents committed to the path of socialist rule of law with Chinese characteristics. In September, the inaugural class of the undergraduate experimental class of foreign-related rule of law at Renmin University of China started. In November, the first foreign-related rule of law school in China was established at East China University of Political Science and Law. In December, the Institute of Comprehensive Law-Based Governance at China University of Political Science and Law published the first *Blue Book on Foreign-Related Rule of Law in China*, which comprehensively presents and reviews China's work foreign-related rule of law in recent years.

● Actively holding forums and international conferences on legal education

In May, China University of Political Science and Law hosted the first World Jurists Forum Summit. Renowned legal education experts from 18 countries and regions in Asia, the Americas, Europe, and Oceania, including prestigious universities and international organizations, gathered to discuss the "Transformation of Legal Education in the Digital Age". In September, Renmin University of China held a sub-forum on "China's Red Legal Education Tradition and the Cultivation of Contemporary Rule of Law Talents" as part of the forum on "The Historical Experience of the Communist Party of China in Establishing New Regular Higher Education". Also in September, the Fifth China-Africa Forum of Law School Deans 2022 took place in Xiangtan, with over 10 deans from law schools in African countries such as Uganda, South Africa, Ethiopia, Kenya, and Senegal, as well as more than 20 experts and scholars from renowned Chinese universities, research institutes, and associations attending the conference. In December, the Higher Education Law Discipline Teaching Steering Committee of the Ministry of Education and the Law Education Research Association of the China Law Society jointly hosted the Forum on Chinese

Modernization and Legal Education in China. The Law Education Research Association of the China Law Society's Professional Committee on Moot Court Teaching organized the Forum on Standardization of Moot Court Teaching. The Law Education Research Association of the China Law Society's Professional Committee on Clinical Legal Education held the Forum on the Localization of Clinical Legal Education.

3. Rule of law promotion

● Thoroughly studying, promoting, and implementing Xi Jinping's thinking on the rule of law

Special reports were made on studying, promoting, and implementing Xi Jinping's thinking on the rule of law, and the new achievements and results made by various regions and departments under the guidance of Xi Jinping's thinking on the rule of law were extensively publicized. Work plans and annual work arrangements for were made for deepening the study, promotion, interpretation, and implementation of Xi Jinping's thinking on the rule of law and special seminars and training sessions were organized to promote the in-depth and solid study, promotion, and implementation of Xi Jinping's thinking on the rule of law. *A Chronicle of the CPC's Century of Rule of Law*, which systematically reflects the glorious course and major achievements of the CPC leading the people in exploring and forging a path of socialist rule of law with Chinese characteristics, providing valuable materials and vivid teaching materials for the in-depth study and understanding of the century-long struggle for the rule of law by Party members, officials, and the general public. The "China's Decade" of comprehensive law-based governance press conference and achievement exhibition were organized to systematically showcase the practical achievements of Xi Jinping's thinking on the rule of law.

- Carrying out constitutional popularization work

Centered around the theme of "Studying, Promoting, and Implementing the Guiding Principles from the 20th CPC National Congress and Advancing the Comprehensive Implementation of the Constitution", the National Office for Increasing Public Awareness of the Law organized the Constitution Propagation Week thematic campaign. Various regions and departments, focusing on the theme of studying, promoting, and implementing the guiding principles from the 20th CPC National Congress and highlighting the 40th anniversary of the promulgation and implementation of the current Constitution, carried out diverse forms of thematic promotional activities, deepened efforts to incorporate the

Constitution into rural areas, communities, schools, Party and government offices, enterprises, military units, and the internet. The Ministry of Education organized the Constitution Morning Reading activity in the education system before and after the National Constitution Day and organized the Seventh National Activity for Students to Study and Implement the Constitution. In 2022, students accessed the internet over 7.6 billion times to participate in online Constitution learning, and through learning assessments, more than 160 million Guardians of the Constitution with preliminary knowledge of the Constitution were identified. The selection of the Top Ten Rule of Law Figures in China for 2022 was organized, and the special program "The Guiding Principles from the Constitution and the Power of the Rule of Law: 2022 Annual Rule of Law Figures" was produced and broadcasted on CCTV. Centered on the National Constitution Day on December 4 and the Constitution Propagation Week, a series of thematic publicity activities titled "Guarding and Maintaining: My Story with the Constitution" were carried out, and 40 high-quality short videos were produced and released, with a total viewing count exceeding 100 million. CCTV news and integrated channels continuously broadcast the progress of Constitution propagation activities in various regions on programs like "Network News Broadcast" and feature special interviews on "Focused Interview".

- Strengthening the foundational work of the eighth five-year initiative to increase legal literacy among the public

Efforts were made to organize the editing and publishing of national compilations of reading materials for the eighth five-year initiative to increase legal literacy among the public, including the Constitution Reader, Civil Code Reader, Intra-Party Regulations Reader, Law Education Reader for Primary and Secondary Schools, and Village and Community Legal Literacy Reader, to provide the general public with more authoritative and accurate learning materials. The 2022 Promotion Plan for a Better Life Accompanied by the Civil Code was issued, and with a focus on promoting the Civil Code in rural areas, the second Civil Code Promotion Month nationwide campaign was conducted. The role of the spokesperson mechanism of the NPC Standing Committee' Legislative Affairs Commission was fully leveraged to promptly release legislative information, provide updates, and respond to concerns, promoting the publicity, popularization, and implementation of laws. The selection of the third batch of National Innovative Cases for Law-Based Governance through Legal Popularization, encouraging localities and grassroots organizations to explore differentiated approaches to address issues, select and promote good experiences and practices in legal popularization and law-based governance since the implementation of the eighth five-year initiative to increase legal literacy among the public, and promote innovative development in legal popularization for the entire population. Public legal education was carried out to combat organized crime and foster the regular enforcement of measures against gang-related offenses. A ceremony was launched to implement the Law on Combating Organized Crime and an extensive thematic awareness campaign was conducted regarding the law. Comprehensive explanations were offered on the crucial significance, key provisions, and positive impact of the Law on Combating Organized Crime. To promote a widespread culture of learning and dissemination across society, the combat against organized crime was incorporated into the list of legal education responsibilities of law enforcement.

- Strengthening legal culture venues

By the end of 2022, more than 3,500 legal culture-themed parks, over 12,000 squares, and over 34,000 corridors, as well as administrative village and community legal publicity boards and other cultural venues, had been established, achieving a coverage rate of 95.7%. Forty-one new national bases for legal publicity and education were named as the fourth batch. The ninth batch of National Democratic and Rule of Law Demonstration Villages and Communities was named, reviewing and promoting a group of advanced models.

• Making solid progress in organizing the Campaign for 100 Legal Experts to Give 100 Lectures (hereinafter referred to as the Double-Hundred Campaign)

In 2022, various regions and departments attached great importance to Double-Hundred Campaign. The organizing committees at all levels focused on major themes, key topics, and selected suggestions, strengthened overall coordination, improved work mechanisms, provided classification guidance, upheld political standards and quality, determined annual lecture themes in accordance with local conditions, and held over 86,000 Double-Hundred Campaign events. The audience reached over 43 million people, setting new records for the number of events and audience size. The coverage and influence of the Hundred activities further expanded. The cumulative viewership of the lecture meetings organized by central Party and government bodies exceeded 20 million.

• Focusing on carrying out the "youth legal literacy volunteers for grassroots law and order culture" campaign

In 2022, they organized over 1.63 million online and offline legal education activities under the "youth legal literacy volunteers for grassroots law and order culture" campaign. Volunteers participated in more than 1.17 million legal education promotion events, reaching over 272 million visits for legal education. The activities covered various provinces, cities, and counties throughout China.

Ⅸ. Foreign-Related Rule of Law Work

In 2022, China voiced its opinions in international legislative activities, actively hosted and participated in international and regional dialogues on the rule of law, continued to promote judicial assistance and international anti-corruption cooperation, enriched foreign legal exchanges, and made continuous progress in the rule of law in foreign affairs.

1. Participating in international legislative activities

- International environmental protection, climate change, and polar affairs

In November, President Xi Jinping attended the opening ceremony of the 14th Meeting of the Conference of the Contracting Parties (COP14), via video link. He delivered a speech titled "Protecting Wetlands for Our Future and Scaling up Wetlands Action Across the World". In the same month, President Xi Jinping attended the 17th G20 Summit what held in Bali, Indonesia, and delivered an important speech titled "Working Together to Meet the Challenges of Our Times and

Build a Better Future". He emphasized the need to promote a more inclusive, equitable, and resilient global development, continue to uphold the multilateral trading system with the World Trade Organization at its core, and expressed views on climate change, food security, energy security, and other issues. The summit adopted the Bali Leaders' Declaration. In December, President Xi Jinping attended the opening ceremony of the second part of 15th meeting of the Conference of the Parties to the Convention on Biological Diversity held in Montreal, Canada, via video link. He emphasized that China will continue to strengthen eco-civilization, provide support and assistance to other developing countries to the best of its ability, and promote help create a new stage of global biodiversity governance. The conference adopted the Kunming-Montreal Global Biodiversity Framework. In October, China's representatives participated in the 2022 Arctic Circle Assembly held in Reykjavik, Iceland, and participated in discussions on various issues related to China and Asia. In November, the Chinese delegation attended the 27th Conference of the Parties to the United Nations Framework Convention on Climate Change held in Sharm el-Sheikh, Egypt, and held talks with UN Secretary-General Guterres. The two sides had in-depth exchanges of views on climate adaptation, funding, and technological support, among other issues.

- International maritime law

In March and August, the fourth and fifth sessions of the Intergovernmental Conference on an international legally binding instrument under the UN Convention on the Law of the Sea on the conservation and sustainable use of marine biological diversity of areas beyond national jurisdiction were held at the United Nations Headquarters in New York, USA. The Chinese delegation actively participated in the negotiations and made constructive efforts to promote the development of rules in directions favorable to China. In June, the 32nd Meeting of States Parties to the United Nations Convention on the Law of the Sea was held in New York, USA. The entire Commission on the Limits of the Continental Shelf was reelected, and the Chinese candidate was successfully reelected, reflecting the international community's high recognition of China's adherence to international maritime law, including the United Nations Convention on the Law of the Sea, and its commitment to true multilateralism. In August, the 27th Session of the International Seabed Authority was held in Kingston, Jamaica. The Chinese delegation attended the meeting and delivered speeches on the topics of "Commemorating the 40th Anniversary of the United Nations Convention on the Law of the Sea and Its Opening for Signature" and the "Secretary-General's Report". The Chinese delegation also participated extensively in the consultations on the rules and regulations for the exploitation of international seabed mineral resources. In September, China hosted the international conference marking the 40th anniversary of the opening for the signature of the United Nations Convention on the Law of the Sea. State Councilor and Foreign Minister Wang Yi and United Nations Deputy Secretary-General and Legal Counsel Suarez attended the opening ceremony and delivered speeches via video link. Experts from China and abroad conducted in-depth discussions on six topics: Achievements and Development of the Convention in 40 Years, International Seabed and Continental Shelf beyond National Jurisdiction, Maritime Dispute Settlement, Interaction between the Convention and Other Mechanisms, Frontier Issues of Maritime Law, and the Convention and International and Regional Maritime Cooperation. In December, the Chinese representative delivered a statement on the agenda item "Oceans and the Law of the Sea" at the 77th session of the United Nations General Assembly, emphasizing the need to uphold the sustainable utilization of fishery resources, strictly implement the management of distant water fisheries, and crack down on illegal fishing activities. China expressed its willingness to work hand in hand with all parties and make new and greater contributions to achieving a higher level of global ocean governance and promoting the wellbeing of all countries' peoples.

- International criminal law

From February to March, the first negotiating session of the Intergovernmental Committee on the United Nations Convention on Cybercrime was held in a combined online and offline format in New York, USA. The meeting adopted the convention framework and negotiation arrangements through consensus and exchanged preliminary views on key issues such as the objectives, scope of application, and core elements of the convention. The Chinese delegation actively participated in the discussions and delivered a speech under the agenda item of "General Debate". Approximately 140 countries, 14 international organizations including the World Bank, Interpol, and the European Commission, and 140 representatives of non-governmental organizations attended the meeting. In May, the Chinese delegation participated in the 31st meeting of the United Nations Commission on Crime Prevention and Criminal Justice and delivered a speech via video. They effectively promoted China's experiences and achievements in strengthening crime prevention and criminal justice work, guided by Xi Jinping's ideology on the rule of law. They emphasized that China will continue to support the work of the United Nations Office on Drugs and Crime (UNODC) and the Commission on Crime Prevention and Criminal Justice, and called on the international community to build consensus, enhance cooperation, implement the Kyoto Declaration, and establish a robust international network to combat transnational crime and corruption, effectively addressing cybercrime. In October, the Chinese delegation participated in the 11th Conference of the Parties to the United Nations Convention against Transnational Organized Crime and delivered speeches on topics such as "implementation of the convention" and "various types of new transnational organized crime". They called on countries to strengthen international exchanges and dialogues on the prevention and punishment of new types of transnational organized crime, fully utilize existing legal frameworks, enhance bilateral and multilateral law enforcement and judicial cooperation, and promote the building of a human community with a shared future based on universal security.

- Outer space law

In April, the Chinese delegation participated in the 61st session of the Legal Subcommittee of the United Nations Committee on the Peaceful Uses of Outer Space and delivered a speech, emphasizing China's willingness to work with all parties to strengthen outer space governance based on international law, and guided by the Space 2030 agenda, and to fully utilize the functions of the Legal Subcommittee. In June, the Chinese delegation participated in the 65th session of the United Nations Committee on the Peaceful Uses of Outer Space and delivered a speech, calling on all parties to uphold the international order of outer space based on international law, respect and ensure the equal rights of all countries to peaceful use of outer space, and pay particular attention to the interests of developing countries and emerging space-faring nations.

- Other aspects

From February to December, the Chinese delegation participated in the three meetings of the Intergovernmental Negotiating Body (INB) of the World Health Organization's negotiations on the agreement on pandemic prevention, preparedness and response. The third meeting produced a conceptual draft based on the opinions of all parties. In the speeches, the Chinese representative emphasized that the formulation of the agreement should adhere to the principles of respecting the sovereignty and relevant rights of member states, firmly upholding the multilateral governance system, maintaining the concept of a global community of health for all, and focusing on practical needs. It should take into account the vision and gaps between demands and reality and provide feasible and operational solutions. In May, the Inaugural Conference of the Judicial Dispute Resolution Network (JDRN) was held in Beijing, China. A representative of the Supreme People's Court attended the conference via video link and delivered a speech, highlighting China's establishment of a one-stop multi-dimensional dispute resolution mechanism led by the courts, forming a new model of judicial dispute resolution with the characteristics of one-stop resolution, diversified participation, online process, and door-to-door services. Judges from countries such as Singapore, China, Australia, Canada, Germany, India, Malaysia, the Philippines, the United Kingdom, and the United States attended the conference. In September, the Working Group on Matters Related to Jurisdiction in Transnational Civil or Commercial Litigation was meeting for the third time in a combined online and offline format. Legal documents were further discussed and formulated on the issue of parallel litigation. More than 60 representatives from 24 member countries, including China, and two observers attended the meeting. In November, the 77th Session of the United Nations General Assembly and the UN Security Council successively adopted three resolutions: Further Practical Measures for the Prevention of an Arms Race in Outer Space, No First Placement of Weapons in Outer Space, and Development in the Field of Information and Telecommunications in the Context of International Security. These resolutions all included the concept of a human community with a shared future proposed by China. The conference also adopted China's draft resolution entitled "Promoting International Cooperation on Peaceful Uses in the Context of International Security". This is the second consecutive year that China has submitted and promoted a resolution on peaceful uses.

2. Intergovernmental rule of law dialogues

- Dialogues under the United Nations framework

In October, the Chinese representative spoke at the 77th session of the United Nations General Assembly's Sixth Committee (Legal Committee) on the topic of "State

Responsibility for International Wrongful Acts". China expressed support for further substantive discussions and consensus-building under the framework of the Sixth Committee on the draft articles on state responsibility and how to take further steps. China also spoke on the topic of "Domestic and International Rule of Law", introducing the legislative, judicial, and law enforcement measures taken by China in the context of COVID-19 epidemic prevention and control, as well as China's contributions to the international community epidemic prevention. In November, Judges Gao Xiaoli and Sun Xiangzhuang from the Supreme People's Court were respectively elected as judges of the United Nations Appeals Tribunal and the United Nations Dispute Tribunal. This is the first time that Chinese candidates have been elected to the United Nations Appeals Tribunal and Dispute Tribunal since their establishment in 2009.

- Dialogues under the framework of the Shanghai Cooperation Organization (SCO)

In August, Wang Xiaohong, Deputy Secretary of the Central Judicial and Law Enforcement Commission and Minister of Public Security, attended the 17th meeting of the Security Council Secretaries of SCO Member States in Tashkent, Uzbekistan, via video link. In his speech, he expressed China's willingness to actively implement President Xi Jinping's global security initiative and deepen law enforcement and security cooperation within the SCO framework. In the same month, Zhou Qiang, President of the Supreme People's Court, delivered a keynote speech and a thematic speech at the 17th meeting of the Presidents of the Supreme Courts of SCO Member States, hosted by the Supreme Court of the Republic of Tajikistan via video link. Representatives at the meeting conducted in-depth discussions on new situations and issues in the judicial field and jointly explored new paths for judicial exchanges and cooperation. The meeting adopted the Joint Statement of the 17th Meeting of the Presidents of the Supreme Courts of SCO Member States. Also in the same month, Zhou Qiang attended the China-SCO National Judges Forum (2022) held in Shandong, China, via video link and delivered a speech, emphasizing the deepening of judicial exchanges and cooperation and the promotion of a closer SCO community with a shared future. Judges from local courts in Kazakhstan, Kyrgyzstan, Pakistan, Russia, Tajikistan, and Uzbekistan participated online. In September, Zhang Jun, Prosecutor-General of the Supreme People's Procuratorate, attended the 20th Meeting of the Attorneys General of SCO Member States in Astana,

Kazakhstan, via video link and delivered a keynote speech, emphasizing the deepening of law enforcement and judicial cooperation and the comprehensive development of a new pattern of regional asset recovery cooperation.

- Dialogues and cooperation under the ASEAN framework

In July, Zhou Qiang, President of the Supreme People's Court, participated in the 3rd China-ASEAN Justice Forum held in Guangxi, China. The forum focused on the theme of "Establishing a High-Level Judicial Cooperation Platform to Jointly Build the 21st Century Maritime Silk Road" and conducted in-depth discussions on topics such as Accelerating the Alignment with the New Rules of RCEP Trade and Investment to Provide Better Judicial Services for Regional Trade and Investment, Strengthening Intellectual Property Cooperation and Enhancing the International Level of Intellectual Property Protection, and Promoting Cross-Border Online Litigation to Provide Judicial Support for Epidemic Prevention and Control and Economic Recovery. The forum adopted the Nanning Statement of the 3rd China-ASEAN Justice Forum.

- Dialogue and cooperation under the BRICS framework

In September, Li Zhanshu, Chairman of the NPC Standing Committee, chaired the 8th BRICS Parliamentary

Forum held in Beijing, China, via video link and delivered a keynote speech. He emphasized that the legislature of BRICS countries should uphold fairness and justice, maintain peace and security, promote solidarity and development, and expand practical cooperation with openness and inclusiveness. The forum focused on the theme of "Leveraging the role of the legislature to foster high-quality BRICS partnership" and conducted in-depth exchanges. In the same month, Zhou Qiang, President of the Supreme People's Court, attended the BRICS Justices Forum, delivered a speech, and emphasized the guiding principles from BRICS that upholds openness, inclusiveness, cooperation, and win-win outcomes. He called for further improvement of cooperation mechanisms and enhancement of judicial cooperation among BRICS countries. The forum had the theme of "BRICS Judicial Cooperation in the New Era", and was attended by chief justices and judge representatives from Brazil, Russia, India, South Africa, and some resident ambassadors.

3. Judicial assistance and international anti-corruption cooperation

- Treaty on judicial assistance

In 2022, China ratified extradition treaties with

Uruguay, Kenya, the Republic of Congo, and Armenia, as well as criminal judicial assistance treaties with Kenya, Morocco, the Republic of Congo, and Ecuador. China also signed a civil and commercial judicial assistance agreement with Saudi Arabia. The extradition treaty with Chile also came into effect.

- Special operation on fugitive repatriation

In March, the Operation Sky Net 2022 was launched. From January to November 2022, a total of 840 fugitives were repatriated, with recovered assets amounting to approximately yuan 6.55 billion.

- Multilateral cooperation

In November, President Xi Jinping attended the 29th APEC Economic Leaders' Meeting held in Bangkok, Thailand, and delivered a major speech titled "Shouldering Responsibility and Working Together in Solidarity to Build an Asia-Pacific Community with a Shared Future". The participating leaders reached important consensus on strengthening international cooperation against corruption, committing to take practical actions together, combatting transnational corruption, and refusing to provide safe havens for corrupt individuals and their illegal assets. The meeting adopted the APEC Economic Leaders' Declaration 2022. In

July, the first BRICS Anti-Corruption Ministerial Meeting, hosted by the Central Commission for Discipline Inspection and the National Supervisory Commission of China, was held in Beijing via video link. The theme of the meeting was "Strengthening Cooperation against Transnational Corruption". This was the first ministerial-level meeting on combating corruption held since the establishment of the BRICS Anti-Corruption Working Group in 2015, demonstrating the firm determination of BRICS countries to work together to combat corruption. The meeting adopted the BRICS Anti-Corruption Ministerial Communiqué.

- Discussion

In May, the BRICS Workshop on Anti-Corruption and Economic Development organized by the National Supervisory Commission, was held online in Beijing, China. All parties unanimously agreed that anti-corruption efforts should uphold fairness and justice and contribute to sustainable and healthy economic development, and expressed their commitment to further strengthen mutual learning and exchange in promoting economic development through anti-corruption measures. They also emphasized the continuous improvement of cooperation mechanisms and the contribution to global anti-corruption governance. In December, representatives from the

Supreme People's Court attended online the 6th International Forum on Persons Sought for Corruption and Asset Recovery and the International Symposium on Persons Sought for Corruption and Asset Recovery and Cross-Border Corruption Governance. The forum discussed topics such as the development and improvement of the system for extraditing and trying fugitives abroad, the development and improvement of cross-border asset recovery, the punishment and prevention of cross-border money laundering crimes related to corruption, basic theories of criminal compliance, corporate anti-corruption compliance development, and the criminal justice guarantee and cross-border corruption issues in the development of the Belt and Road Initiative.

4. Foreign legal exchanges

- Legal exchanges with Russia

In June, a delegation from the China Law Society attended the 10th St. Petersburg International Legal Forum via video link and delivered a speech on the topic of "Law and Order: Values and Principles in the Context of Contemporary Global Challenges". The forum was attended by over 5, 400 officials, judges, lawyers, and representatives from the business and academic communities from 95 countries. In

September, a delegation from the China Law Society attended the 7th Eastern Economic Forum held in Vladivostok, Russia, via video link and delivered a speech on the topic of "Business Protection: Ensuring Business Stability". The forum was attended by around 5,000 representatives from over 60 countries and territories.

- Legal exchanges with African countries

In July, the 9th session of the China-Africa Legal Professionals Exchange Program, hosted by the China Law Society, was held in Beijing, China. The program focused on topics such as Xi Jinping's Thinking on the Rule of Low, Legal Issues and Countermeasures Related to the Belt and Road Initiative, Chinese Legal Culture, China's Legal System for Foreign Investment, Development of Intelligent Courts in China, Innovation and Development of the Tort Liability Chapter in the Chinese Civil Code, Rule of Law Guarantee for the Development of the Guangdong-Hong Kong-Macao Greater Bay Area and China-Africa Economic and Trade Cooperation, and Legal Cooperation in China-Africa E-commerce. Participants included 260 government officials, judges, prosecutors, lawyers, scholars, and others from 25 African countries, including Algeria, Angola, and Burundi. A seminar on International Investment and Trade Legal Risks and Countermeasures was also held during the closing ceremony of the program, where experts and scholars discussed the topics of Legal Guarantee for China-Africa Investment Security and African Legal Fact-Finding and Risk Prevention.

- Legal exchanges within the SCO framework

In July, the 3rd SCO National Judges Workshop, organized by the Supreme People's Court, was held in Beijing, China, via video link. The workshop yielded fruitful results, enhancing judicial mutual trust and further strengthening judicial cooperation among member states. It aimed to consolidate the achievements of judicial cooperation and make greater contributions to the stability and development of countries in the region.

- Legal exchanges with South Asian countries

In August, the 7th Training Course of the China-South Asia Legal Training Base, hosted by the China Law Society, was held in Beijing, China. The course on topics such as Xi Jinping's Thinking on the Rule of Law, Legal Issues and Countermeasures related to the Belt and Road Initiative, Chinese Legal Culture, Legal System for Foreign Investment in China, Development of Intelligent Courts in China, Innovation and Development of the Tort Liability Chapter in the Chinese Civil Code, Exploring the Rule of Law in the Belt and Road Free Trade Zone, China's Achievements, Practices, and Experiences in Poverty Reduction, and Overseas Social Responsibility and Outstanding Legal Practices. The course was attended by 75 government officials, judges, prosecutors, lawyers, and scholars from Bangladesh, Nepal, Pakistan, India, Maldives, and Sri Lanka. In September, the Conference on Legal Risks and Countermeasures of International Investment and Trade, hosted by the Chinese Law Society, was held in Beijing, China. The conference focused on two topics: "China-South Asia Trade Security and Legal Safeguards" and "International Investment Governance and Dispute Resolution".

- Legal exchanges with Cuba

In September, the National Judges College held the 2022 Cuba Judges Training Program via video link, aiming to promote mutual understanding between the two countries' judicial systems and deepen friendship between China and Cuba.

- Legal exchanges within the AALCO framework

In September, representatives from the China Law Society participated via video in the Belt and Road Symposium organized by the Asian-African Legal Consultative Organization (AALCO) and delivered a concluding speech. They emphasized the immense potential for synergies and consistency between the Belt and Road Initiative and the United Nations' 2030 Agenda for Sustainable Development. They also promoted the guiding principles from President Xi Jinping's speeches at the 2nd Belt and Road Forum and the 22nd Meeting of the Council of Heads of State of the Shanghai Cooperation Organization (SCO) Member States.

- Legal exchanges within the International Constitutional Law Association (ICLA) framework

In December, a delegation from the China Law Society attended the 11th IACL World Congress in Johannesburg, South Africa, and participated in the meetings of the ICLA Executive Committee and Council. The delegation made efforts to sign a Memorandum of Understanding with the association, which included provisions such as not recognizing Taiwan independence and ensuring that the association is not used as a platform for engaging in activities that seek to divide China. The agreement aimed to prevent the association from pursuing any political objectives and to restrict the attempts of external anti-China forces to exploit the association for divisive activities, thus facilitating a more favorable working environment for China in the future.

Conclusion

The year 2023 marks the beginning of the comprehensive implementation of the guiding principles from the 20th CPC National Congress. The political report of the 20th National Congress emphasized the importance of exercising law-based governance on all fronts and advancing the rule of law in China. It stressed that, "The comprehensive advancement of law-based governance has been a profound revolution in China's governance. Law-based governance is important for the Party's success in governing and rejuvenating the country, for the wellbeing of the people, and for the long-term stability of the Party and the country. We must give better play to the role of the rule of law in consolidating foundations, ensuring stable expectations, and delivering long-term benefits, and we must strive to build a modern socialist country in all respects under the rule of law. We must follow a path of socialist rule of law with Chinese characteristics, develop a Chinese system of socialist rule of law, and establish China as a socialist country under the rule of law. We must, with a focus on protecting and promoting social fairness and justice, pursue coordinated progress in law-based governance, law-based exercise of state power, and law-based government administration and take integrated steps to build a country, government, and society based on the rule of law. We will make all-around efforts to ensure sound legislation, strict law enforcement, impartial administration of justice, and society-wide observance of the law and see that all work of the state is carried out under the rule of law." The report stressed the need to improve the socialist legal system with Chinese characteristics with the Constitution at its core, steadily advance law-based government administration and ensure strict and impartial administration of justice.

Embarking on a new journey, legal professionals and practitioners must adhere to Xi Jinping Thought on Socialism with Chinese Characteristics for a New Era as their guide and fully implement the guiding principles from the 20th CPC National Congress. They should deeply implement Xi Jinping's thinking on the rule of law and unite more closely around the Party Central Committee with General Secretary Xi Jinping at its core. They should profoundly comprehend the decisive significance of the Two Confirms[①] and strengthen their commitment to the Four Consciousnesses,[②] the Four-Sphere Confidence,[③] and the Two Upholds.[④] They should strengthen their sense of mission, fulfill their duties and responsibilities earnestly, and contribute to the building of a socialist modern country in all respects based on the rule of law.

---

① A reference to the confirmation of both General Secretary Xi Jinping's core position on the Party Central Committee and in the Party as a whole and the guiding role of Xi Jinping Thought on Socialism with Chinese Characteristics for a New Era.

② A reference to the consciousness of the need to maintain political integrity, think in terms of the big picture, follow the leadership core, and keep in alignment with the Party Central Committee.

③ A reference to the confidence in China's path, theories, system, and culture.

④ A reference to uphold the position of General Secretary Xi Jinping as the core of the CPC Central Committee and of the Party as a whole, and uphold the CPC Central Committee's authority and its centralized, unified leadership.

Appendixes

Ⅰ. Laws, Legal Interpretations, and Decisions Enacted or Revised by the NPC and Its Standing Committee in 2022

1. Enacted laws

1) Decision of the NPC Standing Committee on the Rank System for Active-Duty Enlisted Service Members of the Chinese People's Liberation Army

2) Futures and Derivatives Law of the People's Republic of China

3) Black Soil Protection Law of the People's Republic of China

4) Law on Countering Telecom and Online Fraud of the People's Republic of China

5) Yellow River Protection Law of the People's Republic of China

6) Reserve Forces Law of the People's Republic of China

2. Revised laws

1) Decision of the NPC to Revise the Organic Law of the Local People's Congresses and Local People's Governments of the People's Republic of China

2) Vocational Education Law of the People's Republic of China (revised)

3) Sports Law of the People's Republic of China

4) Decision of the NPC Standing Committee on Revising the Anti-Monopoly Law of the People's Republic of China

5) Decision of the NPC Standing Committee on Revising the Rules of Procedure of the NPC Standing Committee of the People's Republic of China

6) Agricultural Products Quality and Safety Law of the People's Republic of China

7) Law on the Protection of Women's Rights and Interests of the People's Republic of China

8) Animal Husbandry Law of the People's Republic of China

9) Wildlife Protection Law of the People's Republic of China

10) Decision of the NPC Standing Committee on Revising the Foreign Trade Law of the People's Republic of China

3. Decisions adopted on legal issues and major problems

1) Decision of the NPC Standing Committee on Establishing the Chengdu-Chongqing Financial Court

2) Decision of the Fifth Session of the 13th NPC on the Quota and Election of Deputies to the 14th NPC

3) Measures for the Election of Deputies to the 14th NPC from the Macao Special Administrative Region of the People's Republic of China

4) Measures for the Election of Deputies to the 14th NPC from the Hong Kong Special Administrative Region of the People's Republic of China

5) Quota Allocation Plan for Ethnic Minority Deputies to the 14th NPC

6) Consultation and Election Plan for Deputies from Taiwan Province to Attend the 14th NPC

7) Quota Allocation Plan for Deputies to the 14th NPC

4. Legal interpretations made

Interpretation of the NPC Standing Committee on Articles 14 and 47 of the Law of the People's Republic of China on Safeguarding National Security in the Hong Kong Special Administrative Region.

Ⅱ. Administrative Regulations Enacted or Revised by the State Council in 2022

1) Regulations on the Protection and Management of Underwater Cultural Heritage of the People's Republic of China

2) Decision of the State Council on Revising and Abrogating Some Administrative Regulations (Decree No. 752 of the State Council)

3) Regulations on Geographical Names

4) Regulations on Promoting the Development of Individual Businesses

5) Measures for the Conclusion of Treaties

6) Regulations on Civilian Personnel of the Chinese People's Liberation Army

Ⅲ. Judicial Interpretations Issued by the Supreme People's Court and the Supreme People's Procuratorate in 2022

1) Interpretation of the Supreme People's Court on the Application of Punitive Damages in the Trial of Ecological Environment Tort Dispute Cases

2) Regulations of the Supreme People's Court on the

Trial of Civil Compensation Cases for Securities Market False Statements

3) Interpretation of the Supreme People's Court on Issues concerning the Application of Laws in the Trial of Judicial Compensation Cases Involving Execution

4) Arrangement by the Supreme People's Court on the Mutual Recognition and Enforcement of Judgments in Marriage and Family Civil Cases between the Mainland of China and the Hong Kong Special Administrative Region

5) Decision of the Supreme People's Court on Revising the Interpretation of the Supreme People's Court on Issues concerning the Application of Law in Criminal Cases of Illegal Fundraising

6) Interpretation by the Supreme People's Court on Issues regarding the Application of the General Provisions of the Civil Code of the People's Republic of China

7) Arrangement by the Supreme People's Court on Mutual Assistance and Preservation in Arbitration Procedures between the Mainland of China and the Macao Special Administrative Region

8) Regulations of the Supreme People's Court on the Application of Law in Cases of Online Consumer Disputes (Ⅰ)

9) Judicial Interpretation by the Supreme People's Court

and the Supreme People's Procuratorate on Issues concerning the Handling of Criminal Cases Endangering Drug Safety

10) Interpretation of the Supreme People's Court on Issues concerning the Application of the Anti-Unfair Competition Law of the People's Republic of China

11) Regulations of the Supreme People's Court on the Trial of Administrative Compensation Cases

12) Decision of the Supreme People's Court on Revising the Interpretation of the Supreme People's Court on the Application of the Civil Procedure Law of the People's Republic of China

13) Interpretation of the Supreme People's Court and the Supreme People's Procuratorate on Issues concerning the Handling of Criminal Cases Involving Destruction of Wildlife Resources

14) Regulations of the Supreme People's Court on the Jurisdiction of First Instance Intellectual Property Civil and Administrative Cases

15) Decision of the Supreme People's Court on Revising the Interpretation of the Supreme People's Court on Issues concerning the Application of Laws in the Trial of Personal Injury Compensation Cases

16) Provisions of the Supreme People's Court and the

Supreme People's Procuratorate on Issues concerning the Handling of Public Interest Litigation Cases Involving Marine Natural Resources and Ecological Environment

17) Interpretation of the Supreme People's Court on Issues concerning the Application of Laws in the Trial of Civil Disputes over Forest Resources

18) Provisions of the Supreme People's Court on Issues concerning the Application of Laws in the Handling of Cases on Personal Safety Protection Orders

19) Provisions of the Supreme People's Court on Issues concerning the Jurisdiction of Foreign-Related Civil and Commercial Cases

20) Interpretation of the Supreme People's Court and the Supreme People's Procuratorate on Issues concerning the Application of Laws in the Handling of Criminal Cases Endangering Production Safety (Ⅱ)

21) Regulations of the Supreme People's Court on Jurisdiction of Cases of the Chengdu-Chongqing Financial Court

22) Reply of the Supreme People's Procuratorate on the Calculation of the Statutory Limit for Examination and Prosecution of Cases Involving the Same Criminal Suspect for Suspected Crimes of Duty-Related Offenses and Other Crimes